Tirso de Molina

Palabras y plumas

Barcelona **2024**
Linkgua-ediciones.com

Créditos

Título original: Palabras y plumas.

© 2024, Red ediciones S.L.

e-mail: info@Linkgua-ediciones.com

Diseño de cubierta: Michel Mallard.

ISBN tapa dura: 978-84-9953-805-1.
ISBN rústica: 978-84-9816-530-2.
ISBN ebook: 978-84-9953-370-4.

Sumario

Brevísima presentación

La vida

Tirso de Molina (Madrid, 1583-Almazán, Soria, 1648). España.

Se dice que era hijo bastardo del duque de Osuna, pero otros lo niegan. Se sabe poco de su vida hasta su ingreso como novicio en la Orden mercedaria en 1600 y su profesión al año siguiente en Guadalajara. Parece que había escrito comedias, al tiempo que viajaba por Galicia y Portugal. En 1614 sufrió su primer destierro de la corte por sus sátiras contra la nobleza. Dos años más tarde fue enviado a la Hispaniola (actual República Dominicana), regresó en 1618. Su vocación artística y su actitud contraria a los cenáculos culteranos no facilitó sus relaciones con las autoridades. En 1625, el Concejo de Castilla lo amonestó por escribir comedias y le prohibió volver a hacerlo bajo amenaza de excomunión. Desde entonces solo escribió tres nuevas piezas y consagró el resto de su vida a las tareas de la orden.

Personajes

Matilde, princesa de Salerno
Próspero, príncipe de Taranto
Don Íñigo, caballero español
El rey de Nápoles, don Fernando I
Sirena
Laura
Gallardo, lacayo
El duque de Rojano
Liseno
Rugero
Teodoro
Laurino
Un Criado
Acompañamiento

Jornada primera

(Salen Próspero, bizarro, con muchas plumas, y Matilde.)

Matilde	¡Ah, príncipe de Taranto! ¡Próspero, señor, mi bien! Espera, el paso detén. o anegaráte mi llanto

Próspero	Siendo el desengaño tanto,
	ya mi sufrimiento pasa,
	por mas que tu amor me abrasa,
	las leyes de mis desvelos;
	mas ¿cuándo huyeron los celos
	que no volviesen a casa?
	   ¡Ingrata! ¿Qué es lo que quieres?
	¿Para qué a voces me llamas?
	Cuando a don Íñigo amas,
	¡finges que por mi te mueres!
	Terribles sois las mujeres,
	pues a la sombra imitáis,
	y como ella, cuando amáis,
	leves, del que os sigue huís.
	Al que os desprecia seguís,
	al que os adora engañáis.
	   Si el alma a un español das,
	¿por qué en mí tu amor ensayas?

Matilde	Injúriame, y, no te vayas. Poco has dicho, dime más. Mientras que presente estás, tengo vida; y solo el rato que ausente mi amor retrato, no hay para mi mal paciencia.

Compre a injurias tu presencia
mi amor, que lance es barato.
    ¿De qué estás, mi bien, quejoso?
¿Quién ha podido ofenderte?
Que puesto que vivo en verte
amante cuanto celoso,
como pende mi reposo
del tuyo, aunque así aseguras
la fe que en celos apuras,
si hace el gasto tu pesar.
No pretendo yo comprar
a tu costa mis venturas.

Próspero   Cautelosa persuades
favores con que me enciendes.
¿Por qué mentiras me vendes
con máscaras de verdades?
Afeitadas crueldades
tiranizaron mis años;
no desmientas desengaños
que han de hacer en tus mudanzas
por dilatar esperanzas
mas incurables mis daños.
    Ya con el pleito saliste.
Lo que no han hecho soldados,
bastaron a hacer letrados.
Con ellos al fin venciste.
Si mi amor entretuviste
hasta gozar su gobierno,
princesa eres de Salerno.
Estado tienes bastante
con que enriquecer tu amante,
más dichoso, no más tierno.
    Ya yo sé que en esta empresa,

si fingiste amarme tanto,
fue por verte de Taranto,
siendo mi esposa, princesa;
pues Salerno te confiesa
por tal, y perdió Rugero
por libros lo que el acero
ganó e impides que cobre,
goza a don Íñigo pobre,
español y lisonjero.
    Entronícese en tu estado;
que la que es rica y se casa
con pobre, lleva a su casa
en un marido un criado.
Su hacienda ha desperdiciado
en la firme pretensión
de tu amor; y así, es razón
que premies su intento casto;
pues amor con tanto gasto
te obliga a restitución.

Matilde   Puesto que me haya el derecho
que tengo a Salerno dado
la posesión de su estado,
que Rugero había deshecho,
¿a qué propósito ha hecho
argumentos tu malicia
contra la clara noticia
que sabes de mi valor,
echando a mi noble amor
sambenitos de codicia?
    Tan lejos de apetecer
tu estado estoy por quererte,
que quisiera empobrecerte
para darte nuevo ser.

Si estuviera en mi poder,
la vida y ser te quitara,
que luego en ti mejorara;
para que de esta manera,
cuanto más te engrandeciera,
más a amarme te obligara.

De don Iñigo confieso,
puesto que en vano trabaja,
lo que en amar se aventaja,
pues es del amor exceso;
mas si coligieras de eso
la derecha conclusión,
sacaras la obligación
que a mi fe constante tienes,
pues a él le pago en desdenes,
y a ti con el corazón.

Si yo fuera agradecida,
y mi voluntad juzgara
sin pasión, su amor premiara
dándole mi estado y vida;
pero está tan oprimida
por ti, que en vez de quererle,
aun no oso favorecerle
con solamente mirarle.
Mira cómo podré amarle,
si tengo pena de verle.

Próspero   ¿Luego osarásme negar
que agora cuando mantiene
la sortija que entretiene
a tus puertas el lugar,
No se ha venido a cifrar
en ser él favorecido
de ti, y en que hayas salido

con el estado que esperas?
Si tú no lo permitieras,
nunca él se hubiera atrevido
   Al punto que en tu favor
salió la alegre sentencia,
en mi agravio y competencia
hizo alarde de su amor.
Joyas de sumo valor
dio en albricias; que no hiciera
más, si mi estado tuviera.
¿Y quién negarme podrá
que ninguno albricias da
de lo que adquirir no espera?

Matilde   ¿Qué diste tú a quien la nueva
de mi dicha te llevó?

Próspero   Abrazos el gusto dio,
que en ti su ventura aprueba,
promesas, que quien las lleva,
presto vendrá a ejecutar.
De plumas hice adornar
mis pajes, porque en sus galas
cifrase el Amor las alas
con que al cielo ha de volar.
   Encarecí con razones
y agradecí con palabras
tu suerte.

Matilde   ¡Pródigo labras
en mi amor obligaciones!
Mas las que agora propone,
pudieran, cuando las sumas,
por mas que amarme presumas,

13

borrar la fama que cobras;
pues debo al español obras,
y a ti palabras y plumas.

    Mas como tras ti te llevas
la inclinación que te adora,
una pluma tuya agora
estimo en más que las pruebas
gastos e invenciones nuevas
de ese español, cuyo fuego
aborrezco, aunque no niego
que con victoria saliera,
si en su pretensión tuviera
un juez que no fuera ciego.

    ¿Con que favores le he dado
esperanzas, y a ti enojos,
pues ni aun con risueños ojos
sus servicios he mirado?
¿En qué saraos he danzado
con él? ¿De qué formas quejas?
¿Qué coche, desde las rejas,
músicas dando a mi calle,
no puse, por no escuchalle,
candados a mis orejas?

    Si me tiene voluntad,
¿podré quitársela yo,
pues aun Dios no sujetó
su albedrío y voluntad?
Si con liberalidad
gasta y destruye su casa,
justa, ronda, rompe, abrasa,
¿ha de sacar mi rigor
premáticas que en su amor
y en sus gastos pongan tasa?

    Si agora corre por mí

sortija en mi misma calle,
y por gozarla y gozalle,
a Nápoles trae tras sí,
¿pude hacer yo mas por ti,
porque satisfecho estés
y no te enojes después,
que despejando el balcón,
quedar en reputación
de ingrata y de descortés?
   Anda, amores, que estás loco.
Tener celos y encubrirlos
es amor; pero pedirlos
es estimarte a ti en poco.
Si con esto te provoco,
y ya tu enojo se ablanda,
entra en la sortija, anda.
Muestra que sales por mí.
Dame esa pluma turquí,
y ponte esta verde banda;
   que mis celos trocar quiero
en esperanza segura.

Próspero	Hechizos de tu hermosura cera me hacen, si fui acero.
Matilde	¿Vas seguro?
Próspero	Estarlo espero.
Matilde	¿Correrás?
Próspero	Por agradarte; mas para que pueda darte el premio, ¿con qué favor

piensas animar mi amor?

Matilde   Con reírme y con mirarte

(Vanse. Salen el Rey y Rugero.)

Rey   Rugero, el pésame os doy
de la pérdida presente,
y tanto más triste estoy,
cuanto os miro mas prudente
y más cortesano. Hoy
   mi consejo os ha quitado
a Salerno, defendido
por vos como gran soldado;
que más con vos ha podido
que un ejército, un senado.
   El favor que permitió
la justicia en él os hice.
En fin Matilde os llevó,
con la sentencia felice,
el estado que os quitó.
   Pero pues a mi pesar
os son contrarias las leyes,
y no es costumbre llegar
a dar pésames los reyes,
pudiendo mercedes dar,
    conde os hago de Celano.

Rugero   Diré, de aquesa manera,
señor, con César romano:
«Si no perdiera, perdiera
la merced que hoy por vos gano;
   pero en fin, sois heredero
en el reino y el valor

del magno Alfonso el primero
de Nápoles, resplandor
de la pluma y el acero.
   Siglo de oro fue por él.
Los pies mil veces os beso.»

Rey
                Sois vasallo noble y fiel,
y el sentimiento os confieso
que esta sentencia cruel
   me causa, pues sin Salerno,
bajáis de príncipe a conde.

Rugero
                Por veros, señor, cuán tierno
vuestra alteza corresponde
a mi lealtad, su gobierno
   menosprecio; pues si es cierto
el amor que habéis mostrado
y en vuestra privanza advierto,
no iguala su principado
al que en vos he descubierto.
   Lo que aquí sentirse puede,
por ser de mas importancia,
es ver que Matilde herede
a Salerno, y que de Francia
la facción tan fuerte quede;
   que del conde de Anjou es
deuda, y amiga en extremo,
y pretendiendo el francés
quitaros el reino, temo
no salga con su interés;
   que si Matilde le ayuda
y en Salerno le da entrada,
pongo a Nápoles en duda.

Rey

Ya sé cuán apasionada
Matilde, si no se muda,
  es del conde mi enemigo
y el daño que puede hacerme.

Rugero

De eso soy yo buen testigo,
y sé que el conde no duerme,
pues trae de Francia consigo
  un ejército volante
a ponernos en aprieto.
Si con él pasa adelante,
y el de Taranto, en efeto,
siendo de Matilde amante,
  no aseguró su lealtad
con vuestra alteza...

Rey

                Los dos
juraron fidelidad,
estando delante vos,
a mi corona.

Rugero

              Es verdad;
  pero ¿cuándo el interés
en juramentos repara?
Yo sé, que por el francés
la princesa se declara
de Salerno, y que después
  a Nápoles perderás
siendo Matilde traidora
como lo es; pero podrás
poner remedio, si agora
conmisión, señor, me das
  para visitar su casa.
Cartas ofrezco traerte

del conde, que a Italia pasa
a instancia suya.

Rey   Tu suerte
si basta hoy te ha sido escasa,
    te ofrece prosperidad
notable, si aqueso pruebas.

Rugero   Esto es, gran señor, verdad.

Rey   Mi comisión, conde, llevas.
Usa de mi autoridad.
    Su casa toda visita;
saca a luz esa traición;
que si a Salerno te quita,
presto con su posesión
tu fe y lealtad te acredita.
    Ven, y daréte en secreto
la provisión que has pedido.
Sé en su ejecucion discreto.

Rugero (Aparte.)   (El estado que he perdido
hoy restaurar me prometo.
    Con una carta fingida
a Salerno poseeré
sin que otro pleito lo impida.)

Rey   Siempre esta Matilde fue
arrogante y presumida.

(Vanse. Salen don Íñigo y Gallardo.)

Íñigo   Pésame hacer disparates,
de mis locuras indicios

ya que no de mis servicios.
Quítame esos acicates;
    arroja esas galas viles
en el fuego, su elemento.
Esparce plumas al viento,
mudables como sutiles.
    Dame una capa y sombrero
con que cubra mi dolor.

Gallardo   Pues fuiste mantenedor,
mantén el seso primero.
    ¡Cuerpo de Dios! Que sin él,
vanas sortijas mantienes.
¿Qué diablos es lo que tienes,
que me traes, sin ser lebrel,
    desde Nápoles aquí
al galope, despeado?
Seis sortijas has llevado;
diez premios ganar te vi.
    Toda la corte te pinta,
en la gala y la destreza,
por fénix de la belleza.
¿A qué vuelves a tu quinta,
    desesperado y sin seso
corriendo por el camino?

Íñigo   ¡Ay Gallardo! Un desatino
que ha de acabarme confieso.
    Plegue a Dios, si amase más
a Matilde, si la viere,
si más servicios la hiciere,
si la nombrare jamás,
    que me dé el acero humilde
de un cobarde muerte infame.

20

Desde hoy ninguno me llame
pretendiente de Matilde.
　Nadie a Matilde me nombre
que ni Matilde es mi dama
ni a Matilde, mi amor llama,
ni ya de Matilde el nombre
　obliga mi pecho humilde.
Sin Matilde viviré.
Matilde mi muerte fue.
Líbreme Dios de Matilde.

Gallardo
　　　Eso es: «No juréis, Angulo,
juro a Dios no juro». Dale
con Matilde, mientras sale
del alma en que la intitulo.
　¡Bien cumples de esa manera
lo que acabas de jurar!

Íñigo
　　　De este modo quise echar
todas las Matildes fuera
　que estaban dentro del pecho.

Gallardo
　　　¿Quedan mas?

Íñigo
　　　　　　Son infinitas.

Gallardo
　　　Pues si una a una las quitas,
trabajarás sin provecho.
　Purgarte será mejor;
que si tantas en ti están,
mejor por junto saldrán
a vueltas de esotro humor.
　¿Agora sales con eso,
y en su servicio has gastado

cuanta hacienda has heredado?

Íñigo   No quiero gastar el seso.

Gallardo   ¿El seso? ¡Tarde piache!
Ojos que le vieron ir,
no le verán mas venir,
si no es que por él despache
   algún Astolfo, propicio
ea cielo, en su libertad,
al valle de Josafad,
donde ha de ser el juicio;
   Que allí debe estar el tuyo
porque si seso tuvieras,
ni imposibles pretendieras
—perdona si te concluyo—
   ni hubieras hecho, señor,
los gastos que sin provecho,
empobreciendo, te han hecho
hijo pródigo de amor.

Íñigo   Por Matilde todo es poco.
¡Ojalá que más pudiera,
porque más por ella hiciera!

Gallardo   En fin, ¿la amas?

Íñigo   Estoy loco.

Gallardo   ¿Y el juramento?

Íñigo   Si arraiga
Amor, nadie echarle intente;
que quien ama, jura y miente.

Gallardo	Jura mala en piedra caiga.
	Tu hermana a verte ha salido.
Íñigo	Sácame sombrero y capa.
Gallardo	Dispense Amor, sin ser papa,
	los votos que no has cumplido.

(Vase Gallardo. Sale Sirena.)

Sirena	¡Hermano! ¡Mantenedor,
	y antes de acabar el día
	en casa y sin compañía,
	que en fe de vuestro valor,
	venga con vos!
Íñigo	¡Ay Sirena!
	Como mantengo rigores,
	Me acompañan disfavores,
	que apadrinan hoy mi pena.
	No se acabó la sortija;
	que Matilde desazona
	cuantos placeres pregona
	mi voluntad, ya prolija
	en servirla.
Sirena	¿Por qué azares?
Íñigo	Oye de amor desvaríos;
	que siempre contentos míos
	se rematan en pesares.
	Murió Leonelo de San Severino,

príncipe de Salerno, gran soldado,
dejando sola una hija y un sobrino,
los dos competidores de su estado.
Rugero, que fue el uno, al punto vino,
de armas, deudos y gente acompañado
y echando a mi Matilde de Salerno,
tomó con mano armada su gobierno.

    Decía para esto que heredaba
aquel estado antiguo, solamente
varón, y no mujer; y que alegaba
la inmemorial costumbre de su gente.
Matilde en contra, por razón probaba
que el mayorazgo solo a aquel pariente
que fuese mas cercano, daba nombre,
de su señor, o fuese mujer u hombre.

    Dividióse de Nápoles la tierra
en bandos, cada uno dando ayuda
a su parte, parando el pleito en guerra
que la afición los naturales muda.
Pero Rugero en la ciudad se encierra
con las armas poniendo el pleito en duda
defendiendo su célebre milicia
mejor su profesión que su justicia.

    Mas metiéndose el papa de por medio
al consejo de Nápoles de estado
redujo el pleito, dando un sabio medio
con que quedó Rugero apaciguado:
porque fundando el fin de se remedio,
en verse de Fernando el rey privado,
con su favor creyó torcer los jueces,
porque el poder sentencia muchas veces.

    Solo aquí la verdad fue poderosa;
pues saliendo Matilde con su intento,
quedó con el estado vitoriosa,

frustrado de Rugero el pensamiento.
Luego pues que la nueva venturosa
se supo, pidió Amor a mi contento
albricias, que quedaron a mi cargo;
que no es amante noble el que no es largo.
    Mil joyas di, vestidos y dineros;
y como si yo fuera el que heredaba,
amigos convidaba y caballeros:
El parabién a mi esperanza daba.
En fin, mostrando que eran verdaderos
los deseos que Amor en mí animaba
delante de la puerta de mi dama
a una sortija mi valor los llama.
    Mantuve en ella mi esperanza muerta
y con galas, que tuvo prevenidas
la confianza de esta dicha cierta,
las fiestas publiqué no agradecidas.
Los premios y el cartel fijé a su puerta
anoche con cien hachas encendidas,
y alborotado Nápoles con esto,
con el Sol madrugó al festivo puesto.
    Salí al son de trompetas y clarines,
de deudos y padrinos rodeado,
y hallé en balcones del amor jardines
que son damas sus flores, si él su prado.
En telas de doseles, de cojines
—donde lo menos que hubo fue brocado—
mostró la ostentación napolitana
el poder de su gente cortesana.
    Saqué de verde y nácar el vestido,
de manos de oro todo recamado,
que de las obras símbolos han sido,
y al silencio en los labios un candado,
con esposas y grillos a un Cupido,

que del mismo silencio coronado,
daba este verso, pienso que discreto:
«Obrar callando y padecer secreto.»

Sirena

Pintaste tu amoroso sentimiento,
y los servicios que a tu dama hiciste,
discretamente. ¡Lindo pensamiento!

Íñigo

El marqués Alejandro luego asiste
también de verde, aunque con otro intento;
porque aforrado el verde en luto triste,
dio la letra...

Sirena

¿Y decía...?

Íñigo

...de esta suerte:
«Creciera mi esperanza, a no haber muerte.»

Sirena

¿Obsequias en la fiesta hizo a su dama?

Íñigo

Murió su amor, muriéndose Rosela.
El conde de Astavilla cuya fama,
a pesar de la envidia al cielo vuela,
la ropa azul de mil fuegos recama,
y entre los cuatro vientos una vela
sacó encendida.

Sirena

¡Traza peregrina!
¿Y fue, hermano, la letra?

Íñigo

Esta latina,
Etenam non potuerit mihi.
De vientos vanos sus contrarios trata
y a su valor la vela hizo, encendida,

a quien ni envidia ni sospecha mata.

Sirena   Fue su nobleza un tiempo perseguida.

Íñigo   Sacó don Hugo de Aragón, de plata
fina aljuba pajiza guarnecida,
y un loco a quien el tiempo en vano cura.

Sirena   ¿La letra?

Íñigo   «Por amor, esto es cordura.»

Sirena   De la de Amalfi dicen que es amante.

Íñigo   Grimaldo, a quien su dama desestima
y él la sirve pacífico y constante,
salió de pardo.

Sirena   Su trabajo anima.

Íñigo   La empresa lo declara.

Sirena   ¿Y fue?

Íñigo   Un diamante,
y una mano junto a él con una lima
De acero.

Sirena   Ya en el alma de ella toco.
¿Cómo dijo la letra?

Íñigo   «Poco a poco.»

Sirena   Todo lo vence amor que persevera.

Íñigo	De labrador, don Jaime de Moncada salió con un gabán de primavera.
Sirena	Halló su dama en Aragón casada.
Íñigo	Eso en la empresa declarar espera.
Sirena	¿Y fue?
Íñigo	Sembrar una heredad arada.
Sirena	¿Y la letra?
Íñigo	Decía: «Amor villano Siembra esperanzas, y otro coge el grano». Hércules de Este, Adonis en las galas y en la milicia César, en un cielo pintó una dama, y él, haciendo escalas de picas y banderas, desde el suelo a conquistarla sube, aunque sin alas; que mas levanta el ánimo que el vuelo.
Sirena	¿La letra?
Íñigo	De su amor ponderativa...
Sirena	¿Decía...?
Íñigo	«Aunque estuvieses más arriba...» No cuento las demás, por no cansarte. Corrí con todos, y llevé seis veces la sortija, y diez precios, que en tal parte, a ser los ojos de Matilde jueces,

me condenaran. No sabré contarte,
porque de verme triste te entristeces,
el pesar, mi Sirena, que mostraba
si la sortija o precio me llevaba.
　　Por no sufrirlo, en fin, de la ventana
se quitó, porque en tal desdén presumas
el fruto inútil de mi suerte vana,
cero de Amor, si mis servicios sumas
hasta que al fin de una hora volvió ufana
por ver entrar cubierto de oro y plumas
al de Taranto, dándole sus ojos
colmos de gustos, como a mí de enojos.
　　Vestido de los pies a la cabeza
de mas plumas que el mayo tiene flores
él y el caballo cifran su firmeza
solo en la liviandad de sus colores.
Pobló de lenguas de oro la riqueza
de su alada divisa; que habladores
en palabras y plumas su amor gastan.

Sirena	¿La letra?

Íñigo	«Si le alaban, aun no bastan.»

Sirena　　　　Diverso fue del tuyo su conceto.
Él en palabras todo su amor precia,
y tú en obrar callando; que es discreto
aunque Matilde tu valor desprecia.
Obrar callando y padecer secreto,
su habladora divisa juzgo necia,
pues de plumas y lenguas hizo alarde
porque el parlero Amor siempre es cobarde.

Íñigo　　　　Corrió conmigo la primera lanza,

y derribóle en medio la carrera,
sospecho que su loca confianza,
tropezando el caballo.

Sirena   Bien pudiera
volar con tanta pluma.

Íñigo   La venganza
de mi amor, que le vio de tal manera,
más cortés que soberbia a darle ayuda
me manda, hermana, que ligero acuda.
   Del caballo me apeo, y que me pesa
de su desgracia muestro; arriba subo
con él, donde el favor de la princesa
más amoroso que discreto estuvo.
Lloró de amor y enojo, y de esta empresa
la causa atribuyendo al que mantuvo.
«Solo, español, por vos, loco y prolijo
me sucede este mal», la ingrata dijo.
   Cesar la fiesta manda, y yo de celos,
agravios y desdenes provocado,
no sé si dije injurias a los cielos;
pero sé que bajé desesperado.
Mandé quitar los precios y arrojélos,
por ver mi amor cortés tan mal pagado
subo a caballo, y loco y ofendido,
me parto, y de ninguno me despido.
   Este fin han tenido, mi Sirena,
mis servicios, mi amor, mi confianza.
Solo es Matilde, para darme, pena
y desdenes, mujer, y no mudanza.

Sirena   Hecho estás a sufrir. Tu enojo enfrena
que la firmeza lo que intenta alcanza.

La letra que sacaste en ti haga efeto.
«Obrar callando y padecer secreto.»

(Sale Gallardo, que saca la capa y el sombrero de su amo.)

Gallardo　　　　　　　Ponte capa y sombrero, si jardines
quieres ver por el mar sobre carrozas
del agua, que tiradas de delfines
llevan al Sol que en esperanzas gozas.
Al son de chirimías y clarines
Malilde y otras seis bizarras mozas,
emulación de Venus la mas fea,
dando a sus ondas luz, barloventea.
　　En un esquife, de cristal la popa,
con seis remeros jóvenes por banda,
de casacas vestidos, leve ropa,
pues son de raso, y el calzón de holanda
al toro imitan robador de Europa;
y con ellos la mar piadosa y blanda,
sufre los remos, plumas de sus alas,
dorados de los puños a las palas.

Sirena　　　　　　　　A Puzol, quinta suya, aquí cercana,
irá. Desde el terrado puedes vella.

Íñigo　　　　　　　　¿Yo a mujer tan ingrata, tan tirana?
Plegue a Dios, si pusiere mas en ella
los ojos, si la viere más, hermana;
si aunque el mar, que soberbias atropella
volcando el barco, su rigor vengara,
me moviera a piedad y la ayudara,
　　que de sus mismos peces sea sustento.
Ya, Sirena, aborrezco su hermosura.
Próspero salga a verla; que contento

es Próspero en el nombre y la ventura.

Gallardo   ¿Qué tanto has de guardar el juramento?

Íñigo   Un siglo.

Gallardo
              ¿Que tahúr, qué amante jura
          de no jugar o amar, sin volver luego
          éste a su pretensión, aquél al juego?

Sirena
              Yo subo a verla; que aunque mas porfíes
          haciendo a tus deseos resistencia,
          has de seguirme.

Gallardo
                  Nunca en votos fíes;
          que conmuta el Amor en penitencia.
          Ven, y verás damascos y tabíes
          que, haciendo al Sol en toldos competencia,
          persuaden al mar que es hoy en suma
          Matilde Venus, hija de su espuma.

(Vanse Sirena y Gallardo. Sale Próspero.)

Próspero
              Don Íñigo, ya ha llegado
          a extremo mi sufrimiento,
          que pasar de él no consiento
          a mis celos y cuidado.
              Haciendo agravio a mi amor,
          nota de mí vendré a dar.
          El querer bien y el reinar
          no sufren competidor.
              Quiero bien, y rey me llama
          Matilde de sus deseos.
          Un año ha que en sus empleos

32

añado leña a la llama
   que en premio de mis desvelos
Matilde hermosa me ofrece
y aunque el fuego de amor crece
cuando le atizan los celos,
   fuera menosprecio mío
que, compitiendo los dos,
tuviera celos de vos;
que más de Matilde fío.
   Cuanto a esta parte, no estoy
celoso, aunque sí ofendido,
de que os hayáis atrevido
a amar, sabiendo quien soy,
   aun la sombra de Matilde
que mirar no merecéis.
¡Vos competencia me hacéis,
pobre, extranjero y humilde!
   ¡Vos en público a sus puertas
carteles de amor fijáis,
y esperanzas publicáis
más locas cuando más ciertas!
   ¡Vos sortijas mantenéis,
convidando aventureros,
cuando aun para manteneros
a vos mismo no tenéis!

Íñigo   Próspero, tratad mejor
a quien os sufre discreto;
pues demás de que respeto
vuestra nobleza y valor,
   Reverencio a la princesa
en vos, pues sé que os ama.
Príncipe Taranto os llama;
la sangre real que interesa

vuestra casa, es conocida
y de mí siempre estimada.
España fue patria amada
puesto que no agradecida,
    de mi padre y su ascendencia,
de quien nobleza heredé.
Rui López de Ávalos fue
condestable, en la prudencia
    y la lealtad más notable
que tuvo ni tendrá el mundo,
aunque don Juan el segundo,
si le hizo conde, no estable.
    De la envidia huyó a Aragón
porque a no ser perseguida
no es la virtud conocida.
Vino a Italia, en conclusión
    con don Alfonso el primero
de Nápoles, de Fernando
padre, que el reino ganando
con su prudencia a acero,
    hizo al tiempo coronista
inmortal de su memoria.
No alcanzó Alfonso vitoria
en esta noble conquista,
    que no se la atribuyese
al esfuerzo y al valor
de mi padre vencedor.
Dióle estado de que viviese
    a su gusto y elección;
que no quiso escarmentado
otra vez entronizado,
provocar a la ambición.
    Éste heredé, y como mozo
supe conservar tan mal,

que le gasté liberal,
porque de serlo me gozo;
  y supuesto que es mudable
el estado y la riqueza,
siendo el valor y nobleza
accidente inseparable,
  pues en ella me señalo,
estimad la calidad
en más que la cantidad,
porque en cuanto esta os igualo;
  que yo con vos no compito,
ni el vuestro mi amor contrasta.
Con una voluntad casta
a Matilde solicito,
  sin que ose mi atrevimiento
más que alimentar cuidados,
dichosos por empleados
en tan alto pensamiento.
  ¿Qué ocasión en esto os doy
para agraviaros?

Próspero   Bastante
es que os tengan por amante
todos de quien yo lo soy;
  que es estimarme a mí en poco.
Si de ser loco os preciáis,
y con eso os disculpáis,
haré vestiros de loco,
  y quedará disculpado
vuestro pensamiento altivo.

Íñigo   Príncipe, no deis motivo
a algún caso desdichado;
  que si apuráis mi paciencia

y no refrenáis los labios,
romperán vuestros agravios
las riendas de mi prudencia.

    Haced de quien sois alarde,
y mirad que siempre ha sido
el valiente comedido
y descortés el cobarde.

Próspero   Sois un...

Íñigo   Paso, que sé ser
hombre, que a pesar de sumas
de ducados, corto plumas,
y las habréis menester
    para volar, si me enojo.
Advertid que está mi espada
en vuestro agravio afilada,
y si una vez la despojo
    de la vaina que profesa,
y en vengarme se resuelve,
es león que nunca vuelve
a su manida sin presa.

Próspero   Ea, arrogante español,
haced mas, y no habléis tanto.

(Echan mano.)

Íñigo   Ya, príncipe de Taranto,
que su acero ha visto el Sol,
    no la culpéis, si desnuda
a vuestro pecho se pasa;
que a quien sacan de su casa,
en la que encuentra se muda.

Sabe el cielo que me pesa
de ofender mi dama así.

(Salen Sirena y Gallardo.)

Sirena

Si hay valor hermano en ti,
favorece a la princesa;
    que hecho el esquife pedazos
en una roca espantosa,
ya con el mar amorosa,
da a sus olas mil abrazos,
    porque en ellas no la anegue.

Íñigo

Príncipe, ésta es ocasión
de amor y de obligación.
más presto en su ayuda llegue
    el que más de veras ama.
Volad, pues os sobran plumas;
que si amor es fuego, espuma
del mar no apagan su llama.

(Vase don Íñigo.)

Sirena

    Pues, señor, ¿qué flema es ésa?
¿Es razón que así os quedéis,
cuando en tal peligro veis
anegarse a la princesa?
    Mi hermano, aunque aborrecido
va a socorrerla; seguilde,
y pagad así a Matilde
el amor que os ha tenido,
    para que en vos se colija
que llega al último extremo.

Próspero	Mi salud, Sirena, temo,
	que cayendo en la sortija,
	me puede hacer mucho daño
	entrar en el mar tan presto.
	En obligación me ha puesto
	el favor noble y extraño
	que de don Íñigo escucho,
	y a premiársele me allano;
	mas es de Sirena hermano,
	y así del mar sabe mucho.
	Yo en peligro semejante,
	¿qué ayuda le puedo dar
	si nunca supe nadar?
Sirena	¿Ésa es disculpa de amante?
Próspero	Adórola, vive Dios;
	mas no importa el ser amada;
	que amor vuela, mas no nada.

(Vase Próspero.)

Gallardo	Mas no nada para vos.
	¡Miren aquí en quien ha puesto
	Matilde su voluntad!
Sirena	Esta vez, de la beldad
	de Matilde es manifiesto
	dueño mi hermano.
Gallardo	No hay duda,
	si la saca viva a tierra...
	o en el alma un tigre encierra.

Sirena	El tiempo las cosas muda.
	¡Mucho pueden beneficios
	en el más terrible pecho!
	La fineza que hoy ha hecho,
	junta a los demás servicios,
	le han de dar debida paga.
Gallardo	Animales hay tan fieros,
	señora, aun de los caseros,
	que aunque el dueño los halaga,
	no puede de toda la vida
	amansarlos.
Sirena	¿Cuáles son?
Gallardo	Domestica tú un ratón,
	criado con la comida
	de tu despensa, y verás
	que al cabo de un mes y un año,
	mas esquivo está y extraño.
Sirena	¡Qué asqueroso ejemplo das!
	Labrador, he yo leído,
	que una víbora crió,
	y al fin la domesticó,
	dándola en su cama nido,
	y habiendo sus hijos muerto
	a uno del pastor amigo,
	los despedazó en castigo,
	y después se fue al desierto
Gallardo	Sería víbora ermitaña;
	pero mi ejemplo perdona,
	que la princesa es ratona,

si no premia aquesta hazaña.
    Mas vuelve la vista al mar,
verás cuál nada por él
aquese humano batel
en que va Amor a pescar
    merluzas, vuelto cangrejo.

Sirena   Mi hermano es gran nadador.

Gallardo   Pensará que pesca Amor
                    besugo, y será abadejo.

Sirena   ¿Sácala?

Gallardo   Sí, vive Dios.

Sirena   ¡Notable dicha!

Gallardo   Es demonio,
                    pues la cruz del matrimonio
                    a cuestas saca. Los dos
                        son para en uno. ¡Extremada
                    saldrá del mar para esposa!
                    Que a fe que ha de ser graciosa
                    desde hoy, mujer tan salada.
                        Ya pisa la enjuta arena;
                    ya trayéndola en los brazos,
                    quisiera, cual pulpo, en lazos
                    convertirse.

(Salen don Íñigo, con Matilde desmayada en los brazos.)

Íñigo   Mi Sirena,
                    no hay ya quien mi dicha alcance.

Diestro pescador he sido,
perlas del sur he cogido.
No tiene precio este lance.
     Ven, llevémosla a tu cama.

Sirena   ¿Viene desmayada!

Íñigo   Sí,
          mas presto volverá en sí.

Sirena   Vamos.

Íñigo   Tus doncellas llama.

(Llevan a Matilde don Íñigo y Sirena.)

Gallardo   Cumplirá el amo su antojo
          si está preñado por ella;
          pues, porque pueda comella,
          Amor se la echó en remojo.
               Cual huevo fue su hermosura,
          como el por agua pasada;
          pero virgen tan aguada,
          dudo yo que venga pura.

(Salen don Íñigo y Sirena.)

Íñigo   No quiero yo estar delante,
          que la daré mas pesar
          que los peligros del mar.
          Tú, hermana, serás bastante,
               y tus criadas también,
          para aliviar su congoja.
          Y así entre tanto que arroja

el agua, ropa prevén
  de la mas limpia y curiosa
que tienes. Sirena mía,
impertinencia sería,
siendo tú tan generosa,
  prevenirte que sacases
de tus galas la mejor;
que el mayo en aguas de olor
entre holandas derramases;
  que en regalos y conservas
te esmerases de tal modo,
que seas mi hermana en todo,
ya que de esto me reservas.

Sirena

  ¿Pues dónde vas tú a tal hora,
que ya el Sol su curso pasa?

Íñigo

Estando Matilde en casa,
no ha de haber otra señora
  mas que ella. Su honestidad
pide que así la asegure,
y que liberal procure
conquistar su voluntad.
  Yo sé que el mayor servicio
que puedo hacerla, Sirena,
es irme y no darla pena
con mi vista.

Sirena

    Noble indicio
  da tu valor en el mundo
tu discreción considero,
generoso en lo primero,
y cortés en lo segundo.
  Vete, con Dios, que yo quedo

en tu lugar. Vístete
ropa enjuta.

Íñigo   Así lo haré.

Sirena   Yo te desharé, si puedo,
                       esta nieve que te abrasa.

Íñigo   Anda, y no te apartes della.

Gallardo (Aparte.) (¡Oh cuerpo de Dios con ella,
                     y con quien la trujo a casa!)

(Vanse todos. Salen Rugero y Teodoro.)

Rugero   ¡Que me quitó tal ventura
                     este español! ¡Que a ayudar
                     la fuese cuando la mar
                     darme a Salerno procura!
                         ¡Que la sacase en sus brazos!

Teodoro   ¿Hay temeridad más loca?

Rugero   ¡Que en mi favor una roca
                     hiciese el vaso pedazos!
                         ¡Oh! Maldiga Dios a España,
                     y a quien bien quiere a su gente!

Teodoro   Es don Íñigo valiente.

Rugero   ¡Bravo amor, y brava hazaña!

Teodoro   Desmayada la sacó,
                     y en su quinta la regala,

porque a su desdén iguala
la nobleza que heredó;
   pero ¿qué importa su ayuda,
si siendo del rey privado,
comisión, conde, te ha dado,
con que has de quedar sin duda
   en la quieta posesión
del estado que perdiste?
Si ya la carta escribiste,
y según tu provisión,
   su casa has de visitar,
¿su favor de qué aprovecha?

Rugero

Su firma tengo contrahecha,
y el papel le pienso echar
   entre los demás que tiene
en su escritorio guardados.

Teodoro

Heredarás sus estados,
si a las manos del rey viene.

Rugero

   Sí, Teodoro; mas traiciones
duran poco, y mucho dañan.
Si los tiempos desengañan
mis soberbias pretensiones,
   ¿qué he de hacer?

Teodoro

            Déjate de eso.

Rugero

¿Mas seguro no me fuera
que el mar sepulcro la diera,
y que por este suceso,
   sin marañas, heredara
lo que este español me quita?

Teodoro	Tu ventura solicita,
	que el favor del rey te ampara.
	De Salerno te apodera;
	que si su dueño te ves,
	defendiéndole después,
	cuando sepa esta quimera
	el rey, importará poco.
Rugero	¿Aquí Matilde no está?
	La noche ocasión me da
	con que de este español loco
	me vengue, y a la princesa
	la vida pueda quitar.
	Esta quinta he de abrasar,
	con que aseguro mi empresa
	mejor que en cartas fingidas.
Teodoro	¿Cómo lo piensas hacer?
Rugero	Esta noche he de poner
	fuego a costa de sus vidas,
	sin que se sepa el autor,
	a esta casa; pues durmiendo
	su gente, salir pretendo
	con mi esperanza mejor.
	El viento del mar me ayuda
	para abrasarla con él.
Teodoro	¡Determinación cruel,
	mas provechosa sin duda!
	A propósito es la hora.
Rugero	Vamos, que si dicha tengo,

hoy del español me vengo,
y muere mi opositora.

(Vanse. Matilde, en ropa de acostarse, y Próspero, como de noche.)

Matilde   Príncipe, ¿qué atrevimiento
es éste? ¿Como asaltáis
de noche casas ajenas?

Próspero   Propias las puedes llamar,
ingrata, pues mis desdichas,
para que padezca más,
siempre a don Íñigo ofrecen
empresas, con que obligar
a que amándole, me olvides.
¿Quién duda que ya tendrás
a su atrevido socorro
rendida la voluntad?
Tres años ha que te sirve,
y que gasta liberal
la hacienda en tu pretensión
que ha desperdiciado ya.
Dio albricias en tu sentencia.
Mantuvo diestro y galán
a tus puertas hoy sortija.
La de esposa le darás
en premio de ella a mi costa.
Arrojóse por ti al mar,
fiel delfín de tus peligros,
Leandro de tu beldad.
La vida te dio cortés,
y querráte ejecutar
en ella, sacando prendas
su amor de tu libertad.

Aposéntaste en su casa,
quedarte en ella querrás,
si huéspeda, ya señora,
si libre, cautiva ya.
Mucho pueden beneficios;
confiésolo a mi pesar.
La Ocasión hace al dichoso,
la Fortuna se la da.
Yo sin ella, y ya sin ti,
vengo solo a celebrar
a tus ojos mis obsequias.
Goces mil años y más,
aunque yo muera celoso,
su generosa lealtad,
su apacible compañía,
su florida y verde edad;
que yo en manos de la ausencia,
si es Amor enfermedad,
ausentándome de aquí,
me parto a Roma s curar.

Matilde   Sí tú te haces juez y reo,
y la sentencia te das,
mis quejas darán en ella
testimonio de verdad.
Príncipe, obras son amores;
que las palabras se van
como son hijas del viento
tras él, sin volver jamás.
Entre las olas me viste.
con su salado cristal
luchando a brazo partido.
Entró en él a poner paz
el valeroso español;

y tú, cuerdo en el obrar
si loco en el prometer,
ni te atreviste a mojar
las plumas, como tú, vanas;
Pero no anduviste mal,
que Amor vuela, mas no nada,
y así no supo nadar.
Nadó don Íñigo en fin;
su dicha supo pescar;
y a quien nada y me da vida,
nada es venirle a adorar.
Siempre fueron los peligros
del amor y la amistad
piedratoque que descubre
el oro que sube mas.
Si él es oro, y tú eres hierro,
yerro, Próspero, será,
despreciando su valor,
de tu hierro hacer caudal.

Próspero   ¿Luego eso dices de veras,
cuando probándote están
mis celos que hablan de burlas?

Matilde   Caíste; hiciérate mal
entrar en el mar, que así
te pudieras resfriar;
y por no quererme frío,
te guardaste. ¿No es verdad?

Próspero   ¡Basta! ¡Que de mí te burlas!
Pues de veras me verás,
mudable, desde hoy mudado;
que ausí te pienso imitar.

Laura, hermana de Rugero,
celosa de tu beldad,
llora, puesto que la suya
es con la del Sol igual.
Desposándome mañana,
mi amor se despicará;
que contra un veneno es otro
la cura mas eficaz.
No pienso verte en mi vida.

Matilde   Oye, escucha, vuelve acá.
(Aparte.)   (¡Oh inclinación poderosa!
                 ¡Oh celos! ¡Oh Amor rapaz!
                 ¿Qué no podréis todos tres,
                 si el primero hace el imán
                 que no pare hasta que al norte
                 mire, que virtud le da?)
                 Yo quiero desenojarte.
                 Cesen quejas, haya paz;
                 que tras celos y nublados
                 Amor y el Sol lucen más.
                 Perdonen obligaciones,
                 socorros, vida, lealtad;
                 que por más que eso atropella
                 Amor, cuando es natural.
                 Princesa soy, joyas tengo
                 oídame el mejor lugar
                 don Íñigo, y no me pida
                 prendas que en el alma están.
                 ¿Haste ya desenojado?

Próspero   Como el Amor es rapaz,
                 con poco se desenoja;
                 pero corrido estará

mientras alarde no hiciere
de la firme voluntad;
que con obras, como has dicho,
saca a plaza su caudal.
Plegue a Dios, Matilde mía,
que te quite un desleal
el estado con la hacienda;
que te mande desterrar
el rey; que en aquesta quinta
se encienda un fuego voraz,
para que entonces conozcas
mi amor firme y liberal.
No ha querido el cielo...

Matilde   Basta
No digas, príncipe, más;
ni por hacerme a mi bien,
quieras que me venga mal.
Mas valen palabras tuyas
que obras de otro. En casa está
durmiendo toda su gente
mas presto despertará.
Vete, que abre ya el aurora
sus vidrieras de cristal.
En Puzol, recreación mía,
esta tarde me verás...
     Pero oye, escucha. ¿Qué es esto?

(Dentro.)

Gallardo   ¡Socorro! ¡Agua, que se abrasa,
                    Cielos, nuestra quinta y casa!

Voces   ¡Fuego, fuego!

Gallardo	Acudid presto, que están las puertas cogidas, y se ha de abrasar la gente.
Matilde	¿Hay caso mas inclemente?
Próspero	Riesgo corren nuestras vidas. Mirad, princesa, por vos, que el fuego nos ha asaltado, y las puertas ha atajado.
Gallardo	¡Que nos quemamos, mi Dios!
Matilde	Príncipe, ¿qué hemos de hacer?
Próspero	Por esta ventana quiero saltar.
Matilde	¿Tú eres caballero? Si te obliga una mujer, a quien tanto dices que amas, descuélgame antes por ella.
Próspero	Todo el temor lo atropella, y ya se acercan las llamas. ¿Cómo haré lo que me mandas, si no hay con que te librar?
Matilde	La capa puedes rasgar con las ligas, con las bandas que atemos y con sus tiras nos librarémos los dos.

Próspero	¡Gentil espacio, por Dios,
	para el peligro que miras!
	Salta, princesa, tras mí,
	si te atreves.
Matilde	Pues, traidor,
	¿ésa es la ayuda y favor
	que me prometiste aquí?
	¿El fuego que deseabas
	que en la quinta se encendiese,
	porque tu amor conociese?
	¿Lo mucho que blasonabas?
	¿El jurar, el prometer
	de no dejarme jamás?
Próspero	Aquí, princesa, verás,
	lo que hay del decir a hacer.
	En muerte no hay juramento
	con que obligarme presumas,
	porque palabras y plumas
	dicen que las lleva el viento.

(Vase Próspero.)

Matilde	Pues no pienses, enemigo,
	que así tienes de librarte
	que el huir he de estorbarte,
	porque te abrases conmigo.

(Vase Matilde. Salen don Íñigo, Gallardo, y Sirena, alborotados.)

Íñigo	¿Y dónde está mi princesa?
Sirena	¡Ay hermano de mi vida!

Ya de la llama homicida
será malograda presa.
   En los brazos; del sosiego
durmiendo, su muerte fragua,
porque lo que no hizo el agua
ose ejecutar el fuego.
   En ese cuarto se abrasa,
siendo el remedio imposible,
porque la llama terrible,
juez violento de tu casa,
   de fuego ha puesto las guardas
a las puertas.

Íñigo   Pues quedar
hecho ceniza, y mostrar
de amor hazañas gallardas.

Sirena   ¿Estás loco?

Gallardo   Señor mío,
detente, que tu afición
no es caso de inquisición,
ni tú hereje o judío.
   Basta quedar de la agalla,
sin casa, ropa, ni hacienda.

Íñigo   Nadie impedirme pretenda,
que he de abrasarme o libralla.
   Haga aquí mi esfuerzo alarde.

(Matilde y Próspero, a una ventana.)

Matilde   Conmigo te has de abrasar,
sin que te deje librar,

descomedido, cobarde.

Próspero   ¡Vive Dios, si no me dejas,
que con la daga te pase
el pecho!

Matilde   Como te abrase
el fuego, y vengue mis quejas,
mátame.

Próspero   Suelta, atrevida,
y cuando ves que me abraso,
de palabras no hagas caso,
que más me importa la vida.

(Éntranse los dos.)

Íñigo   ¡Oh bárbaro! ¡Vive Dios,
que ha de ver por experiencia
Matilde la diferencia
que el amor hace en los dos!
    La princesa de Salerno
saldrá libre a tu pesar,
aunque lo intente estorbar
el fuego del mismo infierno.

(Vase don Íñigo.)

Gallardo   ¡Por el tropel de las llamas
se arrojó!

Sirena   ¡Bravo valor!
Salamandra del amor,
él te libre, pues bien amas.

Gallardo   Envuelta en su misma capa
                  la trae.

(Sale don Íñigo, que saca a Matilde envuelta en la capa.)

Íñigo   Vamos a la fuente
                  que aplaque el rigor ardiente
                  de que mi valor te escapa.

Sirena   ¿Sales herido?

Íñigo   ¿Qué importa,
                  si con la que adoro salgo?

Matilde   Español de pecho hidalgo,
                  los pies te pido.

Íñigo   Reporta...

Matilde   Dos veces debo a tus brazos
                  la libertad con la vida.
                  Ella será agradecida
                  a tus generosos lazos.
                     Salerno te ha de llamar
                  su príncipe.

Gallardo   ¡Buen bocado!

Íñigo   Pues del fuego te he librado,
                  y te he sacado del mar,
                     ya gozan mis pensamientos
                  con tu vida el galardón.

Matilde	De lo que te debo son testigos los elementos.
(Aparte.)	(Deseos agradecidos, mudad de amor y consejo.)
Gallardo	Llamas, adiós, que allá os dejo el arca de mis vestidos.

Fin de la primera jornada

Jornada segunda

(Salen el Rey, Rugero y Próspero.)

Rey

    Bien, Rugero, habéis salido
con nuestra cuerda invención;
yo me doy por bien servido.
De Matilde la traición
descubierta a tiempo ha sido;
    pues cuando más confiado
el Anjou contra mí parta,
saldrá en vano su cuidado.
La firma de aquesta carta
hoy a Salerno os ha dado.
    Muchos años le gocéis.

Rugero

Sirviéndoos, señor, a vos;
que aunque la guerra teméis,
Esperanza tengo en Dios
que pacífica gocéis
    Esta corona, a pesar
de quien traiciones encierra.

Rey

Matilde no ha de quedar
con una almena en mi tierra.

Rugero

Y es muy justo. Secuestrar
    toda su hacienda mandé;
y como tan descuidada
de su desgracia la hallé,
sin poder ocultar nada
pobre y triste la dejé;
    y ha de perder el juicio,
sin la hacienda, según queda.

Rey	Dará de lo que es indicio.
Próspero	Cualquier mal que le suceda, si anduvo en tu de servicio, es, señor, bien empleado

Rey	Quitárale la cabeza,
	como le quito el estado,
	a sufrirlo la nobleza
	que de mi sangre ha heredado;
	   mas salga desposeída
	de Salerno, y sienta al doble;
	que afrentada y perseguida,
	es la pobreza en el noble
	civil muerte de por vida.
	   Notificadle, Rugero,
	que dentro de nueve días
	salga del reino, que quiero,
	atajando tiranías,
	ser con clemencia severo;
	   y escarmiente en su cabeza,
	Próspero, quien contra mí
	a alterar mi reino empieza.

Próspero	Toda mi vida serví con lealtad a vuestra alteza.
Rey	No lo niego yo.
Próspero (Aparte.)	(Parece que con palabras confusas dudas contra mí encarece.)

Rey	Sospechoso es quien excusas,
	sin darle cargos, ofrece.
	No pasees más adelante;
	que de vuestra lealtad
	no estoy, Próspero, ignorante;
	aunque amor y mocedad
	ciegan, tal vez, un amante.
Próspero	Yo confieso, gran señor,
	que a Matilde le he tenido;
	pero jamás el amor
	destruye en el bien nacido
	las deudas de su valor.
	No supe mientras la amé
	cosa en vuestro deservicio;
	pero agora que lo sé,
	dando de quién es indicio
	mi lealtad, la olvidaré.
	Y para prueba mayor
	de que serviros deseo,
	os suplico, gran señor,
	que alentéis un noble empleo
	en mejoras de mi amor.
	Laura es de Rugero hermana,
	y bastante su hermosura
	a hacer la sospecha vana
	que tenéis, si mi ventura
	al yugo de Amor la allana;
	pues de esta suerte mejoro
	mi fe, cuando indicios claros
	que os guardo el justo decoro,
	y demás de aseguraros,
	muestro lo que a Laura adoro.

Rey	Siendo Laura tan discreta,
	no creo rehusará
	amor que así la respeta.
Rugero	Mi hermana, señor, está
	a vuestro gusto sujeta.
Rey	Si en el mío el suyo ha puesto,
	Próspero su esposo sea.
Próspero	Lo que os debo os manifiesto,
	gran señor.
Rey	Muy bien se emplea
	en vos Laura. Mas ¿qué es esto?

(Sale Matilde, de luto, y se arrodilla.)

Matilde	Pues vengo a tus pies, señor,
	en mi inocencia repara;
	que no osa mirar la cara
	de su rey el que es traidor.
	La culpa engendra temor,
	y siendo un dios en prudencia
	el buen rey, con la presencia
	que la verdad autoriza,
	al pecado atemoriza,
	animando a la inocencia.
	De la poca turbación
	con que mi lealtad pregono,
	buenos testigos de abono
	mi cara y mi lengua son.
	Si da lugar la pasión,
	en ellos verás sin duda

la verdad que anda desnuda,
pues cuando culpas declara,
hurta el color a la cara,
y deja la lengua muda.
   A Salerno me has quitado,
y lo que es más, el honor,
que se restaura peor
que la hacienda y el estado.
Un papel solo ha bastado
a la sentencia cruel;
que la ambición cifra en él.
¿Cuándo el juez mas enemigo
condenó con un testigo,
y eso solo de papel?
   Bien lo puedo recusar,
pues habla en mi perjuicio;
que no se admite en juicio
el que se deja cohechar;
pero si él pudiera hablar.
como se deja leer,
testigo viniera a ser
del traidor, que sabe en suma
hacer cohechos de pluma
y firmas contrahacer.
   Mas aunque, sordo a mis quejas
no me des de ellas venganza,
porque en el rey la privanza
ensordece las orejas;
si libre el derecho dejas
que tengo a volver por mí,
fuerza es que escuches aquí
mi justicia; que esta vez,
pues siendo parte eres juez.
de ti apelo contra ti.

No que me perdones pido.
ni es ésa mi pretensión;
que no puede haber perdón
donde delitos no ha habido.
Si no es que estés advertido
que quien contra una mujer
traidor ha venido a ser,
aunque su lealtad afirmas,
como ha hecho falsas firmas
reyes falsos sabrá hacer.

Rugero   La fe que en mi abono alego
y vuestra traición contrasta,
respondiera, a no estar...

(A Rugero.)

Rey   Basta.
(A Matilde.)   Salid de mis reinos luego.

(Vanse el Rey y Rugero.)

Matilde   ¡Ah lisonjas, que el sosiego
quitáis y hacéis tantos daños!
En un rey de pocos años,
¿qué importan verdades ciertas,
si al alma tomáis las puertas,
poniendo guardas de engaños?
Ya, príncipe, que ha cumplido,
en prueba de vuestro amor,
maldiciones el rigor
que habéis al cielo pedido;
ya que se incendió la casa
donde amante prometistes

favores que no cumplistes,
en fe que Amor no os abrasa;
   ya, en fin, que el rey me ha quitado
la hacienda, el honor, la tierra,
y severo me destierra
de su reino y de mi estado;
   si en el noble deuda son
palabras, que es bien que cobre,
no os espantéis de que pobre
haga en vos ejecución.
   Aquí no hay que recelar
peligros, como primero,
si os amenaza el mar fiero,
ni el fuego os ha de abrasar,
   ni de mi esposo y señor
os pide el sí mi ventura;
que hoy juzgaréis por locura
lo que ayer por gran favor.
   A menos costa podéis
palabras desempeñar.
Mándame el rey desterrar.
La persecución que veis
   me halló desapercibida,
de mi inocencia señal;
pues a no ser yo leal,
ya estuviera prevenida.
   Embargáronme la hacienda
y hasta las ropas y el oro,
de mi persona decoro.
No tengo qué empeñe o venda,
   sino el agradecimiento,
que siempre que vos gustéis,
en mí ejecutar podréis,
y aquí empeñaros intento.

Fuerza es salir desterrada,
y quisiera partirme hoy,
ya que no como quien soy,
al menos cual pobre honrada.
     Dad en esta ocasión muestra
del valor que se os ofrece,
y salga como merece
quien ha sido prenda vuestra.

Próspero   Sabe el cielo lo que siento
vuestra desgracia, señora,
y que si como os adora
mi constante pensamiento,
     no temiera un rey airado,
y menor mi riesgo fuera,
dueño del alma os hiciera
como de mi principado.
     El delito que os imputan,
sea mentira o sea verdad,
es de lesa majestad,
y por traidores reputan
     los que amparan a traidores.
Estoy por vos, indiciado
con el rey; que no han sacado
otro fruto mis amores.
     Si sabe que os favorezco,
su sospecha haré verdad,
y estimo en más mi lealtad
que el amor que os encarezco.
     Lo que por vos podré hacer,
andando el tiempo, es hablarle,
disponerle y amansarle,
pues al fin ha de vencer
     la verdad; y en cuanto a esto,

cuando mi lealtad entienda,
la vida, estado y hacienda
estoy a perder dispuesto
   en vuestra defensa. Agora
perdonad el no atreverme
a ayudaros, que es perderme,
puesto que el alma os adora.
   Si vos os servís que escriba
al de Mantua, mi deudo es,
y no dudo que el marqués
como quien sois os reciba.
   Enviaréle un propio luego,
y prevenido estará,
para que en llegando allá
dé a vuestras penas sosiego.
   Quedaos, señora, a Dios;
que han de culpar en palacio
mi lealtad, si tan de espacio
me ven hablando con vos.

Matilde   Esperad que mal restaura
vuestra fe mi amor primero...

Próspero   Temo que salga Rugero,
que ha de casarme con Laura.
   No me llames ni me nombres;
que estoy en buena opinión.

(Vase Próspero.)

Matilde   Vete, traidor, que así son
todos los más de los hombres.

   ¡Ah, pelota del mundo, que no encierra

sino aire vil que se deshace luego!
¡De favor me das cartas, cuando llego
ofendida de un rey que me destierra!
   Quien fe a palabras da, ¡qué de ello yerra!
Prueba tu amor el mar cuando me anego,
tu cobardía saca a plaza el fuego,
y hasta el favor me niegas de la tierra.
   Tres elementos, bárbaro, han mostrado
que eres cobarde, ingrato y avariento
en el cuarto tu amor solo has cifrado.
   ¡Qué a mi costa, villano, experimento
que en palabras y plumas me has pagado!
Mas, quien de ellas fió, que cobre en viento.

(Vase Matilde. Salen don Íñigo, con gabán y una escopeta, y Gallardo.)

Gallardo   ¡Buenos habemos quedado!

Íñigo   Paciencia mi daño apreste.

Gallardo   Como si Amor fuera peste,
                    la hacienda nos han quemado.

Íñigo   No tan malo, que una sala
                    en que dormir nos dejó.

Gallardo   De luto la entapizó
                    con el humo que señala.
                       A los privados presumo
                    que hoy el fuego a imitar prueba,
                    pues que la hacienda nos lleva
                    y solo nos paga en humo.
                       Ya es casa de esgrimidor
                    la nuestra. Una pobre cama

te dejó la voraz llama,
que cuando fuera mejor,
        no importara; un arcabuz,
una espada y un broquel,
una imagen de papel,
dos monteras y una cruz,
        un cuchillo, dulce en filos,
de monte...

Íñigo   No seas molesto.

Gallardo   ... y el vestido que traes puesto;
Que en los huesos de sus hilos
        muestra que en tales sucesos
la pobreza con quien topa,
por no perdonar a ropa,
la desentierra los huesos.

Íñigo   El cielo lo quiere así.
¿Qué he de hacer? Dábame pena
ver a mi hermana Sirena
tan pobre y triste por mí;
        y tanto más lo sentía,
cuanto con su discreción
me ha puesto en obligación;
mas es hermana al fin mía.
        Laura, viendo lo que pasa,
como su amistad estima,
de sus males se lastima,
y la ha llevado a su casa.

Gallardo   No ha sido ésa poca suerte.

Íñigo   Por notable la tuviera,

                              como Rugero no fuera
                              su hermano, y contrario fuerte
                                 de Matilde.

Gallardo   ¡Bien por Dios!
                              Cada loco con su tema.
                              La hacienda el fuego nos quema,
                              dejándonos a los dos,
                                 por su ocasión, de la agalla.
                              ¿Y en eso das todavía?

Íñigo   Crece mi amor de día en día.
                              Ya, Gallardo, sin amalla
                                 no podré vivir.

Gallardo   ¡Qué bueno
                              para el tiempo!

Íñigo   Una mujer
                              que se acostumbró a comer
                              desde pequeña veneno,
                                 con cualquier otro sustento
                              sentía daño y pesadumbre.
                              Quiero ya bien por costumbre,
                              y mátame otro sustento.

Gallardo   Que ya eres dichoso digo;
                              pues cuando, a mi parecer,
                              no esperábamos comer,
                              traes la despensa contigo.
                                 ¡Pobre de aquél que sin llamas
                              no gasta esa provisión!
                              Trocara yo a un bodegón
                              toda una flota de damas.

¡Que sea tan estreñida
la tuya, señor, que agora,
viendo que te es deudora
por dos veces de la vida,
    y que amando hasta lo sumo,
el fuego, y tu amor que abrasa
mas que él, abrasó tu casa,
pagando, cual duende, en humo,
    ya no te haya socorrido!

Íñigo
Esta mañana partió
a la corte; ayer quemó
mí hacienda el fuego atrevido;
    aun no es tarde.

Gallardo
                    ¡Buena flema!
¿Pues había de aguardar
Matilde más que a llegar,
talando tu casa se quema,
    a la suya, para hacer
muestras su agradecimiento
de quién es?

Íñigo
                    De oír me afrento
tu interés.

Gallardo
                ¡Al fin mujer!
    ¡Un tigre que en ellas fíe!

Íñigo
Déjate: de eso, por Dios.

Gallardo
¿Qué hemos de comer los dos,
cuando nada nos envié,
    pues no hay lienzos que vender,

ni vajilla que empeñar?
Si no damos en quitar
tapas, ¿qué habemos de hacer?

Íñigo   Pobre estoy. Sola una traza
mi necesidad previene,
mientras otro tiempo viene.

Gallardo   ¿Y cuál es?

Íñigo   Salir yo a caza,
de que este monte está lleno.

Gallardo   Sin pan, ¿qué has de hacer con ella?

Íñigo   Tú puedes ir a vendella
a Nápoles.

Gallardo   ¡Par Dios, bueno!

Íñigo   Diestro soy en la escopeta.
Aquí hay muchas codornices
y conejos.

Gallardo   ¡Qué bien dices!
Mejor trazas que un poeta.
Como con eso socorras
nuestra hambre, pierde cuidado.
Mas yo en mi vida he andado
sino es a caza de zorras.

Íñigo   Solo que lo vendas quiero.

Gallardo   ¡Ay Dios! ¿Quién hubiera sido

mes y medio en Mollorido
pupilo de su ventero?
   Mas no comerán sin pebre
lo que cazare tu mano.
Cázame tú un escribano,
venderé el gato por liebre.

Íñigo	Yo en sátiras no te ensayo, sino solo en cazador.
Gallardo	¿Y he de venderla, señor, en figura de lacayo? ¡Que afrento mi profesión!
Íñigo	Allí queda otra montera. ¿No tienes capa?
Gallardo	Aguadera, que es mi manta y mi colchón. Págueselo Dios al fuego, que solo la chamuscó.
Íñigo	¿Qué te falta?
Gallardo	Tener yo por amo un clérigo, o ciego, para quedar graduado por Lazarillo de Tormes.
Íñigo	Son mis desgracias enormes.
Gallardo	Y yo soy tu acompañado. Cumplido vengo hoy a ver lo que mi madre decía.

Íñigo	¿Y fue?

Gallardo	Que ganar tenía
	por la pluma de comer.
	   Yo que en dos años o tres
	solo a firmar aprendí,
	de sus dichos me reí,
	siendo lacayo cual ves;
	   pero ya conozco en suma,
	si llevo caza a vender,
	que he de ganar de comer,
	sin escribir, por la pluma.
	   Mas, pues así te dispones,
	que en fin es noble ejercicio,
	también tengo yo mi oficio

Íñigo	¿Y cuál es?

Gallardo	Hacer botones;
	   que los lacayos que dan
	en curiosos, cuando tardan
	los amos, siempre que aguardan
	centinelas de un zaguán,
	   o calzas de aguja tejen,
	o ya botoneros son.
	Hormillas tengo y punzón.
	Como seda me aparejen,
	   mientras cazando te pierdas,
	te ayudaré con labrallos;
	o descolando caballos,
	haré botones de cerdas,
	   con que mejor te sustentes.

Íñigo	No hay español que sea ingrato.
Gallardo	Otro oficio mas barato sé.
Íñigo	¿Y es?
Gallardo	Hacer mondadientes. ¡Y acá no son menester, bendito Dios! Un corito respondió: «No tan bendito, llevándolos a vender». Tú cazando codornices, yo palillos pregonando y a la corte abotonando, podremos pasar...
Íñigo	Bien dices.
Gallardo	...porque esperar en tu dama son esperanzas judías, y ella su tardón Mesías, pues no escucha a quien la llama.

(Sale Matilde, de peregrina, y habla sin ver a los dos.)

Matilde	Aborrecida pobreza, tan poderosa os mostráis, que con no ser Dios, mudáis la misma naturaleza; que sois madre del olvido pruebo en mis desdichas hoy, pues después que pobre estoy, ninguno me ha conocido.

Ejemplos cl mundo ve
en mí de aquesta verdad:
ayer con prosperidad,
hoy peregrina y a pie.
    Y pues ninguno me ampara,
no me conocen sin duda;
que en fin la pobreza muda,
como los años, la cara.
    ¡Ah, príncipe de Taranto!
Bien pude yo adivinar
en lo que había de parar
tan poco hacer y hablar tanto;
    pues que pintó, en vuestra mengua,
y en prueba de esta verdad,
al amor la antigüedad
con manos, pero sin lengua.
    Callando, hizo cuanto pudo
el noble español por mí,
que amó firme, y mostró en sí
que no hay amor como el mudo.

Íñigo   Gallardo, espera por Dios.
               ¿No es Matilde la que vemos?

Gallardo   Desde anteyer no comemos,
               y así pienso que los dos,
                  de puro desvanecidos,
               vemos lo que imaginamos.
               En un pensamiento estamos
               solamente en los vestidos
                  diversa el viento la pinta.

Íñigo   Ella es, no hay que decir.

Gallardo	Pues ¿a qué había de venir de tal suerte a nuestra quinta?
Íñigo	¿Qué sé yo? ¡Matilde hermosa!
Matilde	¡Oh generoso español!
Íñigo	¿Cómo peregrino el Sol?
Gallardo	¡Ella es, por Dios! ¿Hay tal cosa?
Íñigo	Declarad presto, señora, la causa de ese disfraz.

Matilde	El rey perturba mi paz;
	traidores me hacen traidora.
	    Del reino voy desterrada,
	de mi estado desposeída,
	de amigos aborrecida,
	de Próspero despreciada,
	    y si más deciros quiero,
	no podré.

Íñigo	¡Válgame Dios! ¡Desterrarla y pobre vos! ¿Anda por aquí Rugero?
Matilde	Él es quien al rey engaña, y mis firmas contrahaciendo, le persuade que le ofendo, y en mi patria me hace extraña. Como trabajos no sé, hasta agora lo que son, el quitarme la opinión

y el venir, cual veis, a pie,
   me tienen tal, que imagino
que mi vida será corta.

Íñigo

Por lo que a la mía importa,
no quiera el cielo divino
   dar a traidores venganza.
Pues ¿a dónde vais así?

Matilde

¿Dónde irá quien no va en sí
sin socorro ni esperanza?
   El duque de Milán es
mi primo, y en su favor
pudiera hallar mi rigor
alivio, y honra después;
   pero sola y de esta suerte,
¿cómo podré caminar
hasta Milán, sin llegar
primero que yo mi muerte?

Íñigo

   Avisémosle primero.

Matilde

¿Cómo, si solo me ha dado
de término el rey airado
nueve días?

Íñigo

     ¡Caso fiero!
   Ahora bien, señora mía,
para los trabajos son
el valor y el corazón.
Aquí os quedad este día;
   que aunque se cifra mi hacienda
en este pobre solar,
a la corle iré a buscar

algún noble a quien lo venda.
  Con lo que por él hallare,
compraré cabalgadura,
en que caminéis segura;
y por si alguno intentare
  en el camino agraviaros,
que quien del estado os priva
tampoco os querrá ver viva
aquí, podré acompañaros;
  que, pues vivo solo en vos,
fuerza es, contra el que os ofenda,
que en vuestra vida defienda,
princesa, la de los dos.

Matilde   En bronces del tiempo labras
                          la fama y valor que cobras.

Iñigo   Vamos, señora, a las obras,
                          y dejemos las palabras.

Matilde (Aparte.)   (Si así Próspero lo hiciera,
                          su nobleza no afrentara.)

(Don Íñigo habla aparte a Gallardo.)

Iñigo   Gallardo, mi amor ampara,
                          que solo en tu industria espera.
                            ¿tienes algo que vender,
                          con que a Matilde regale?

Gallardo   La almohaza, que un real vale
                          y no la hemos menester;
                            el estiércol, que a la puerta
                          de nuestra caballeriza

llega, y para la hortaliza
de aquesta vecina huerta,
   su dueño nos comprará;
un jarro y dos urinales;
que todo valdrá tres reales.

Íñigo   Necio estás; acaba ya.

Gallardo   Pues si no nos quedó nada,
si no es la caballeriza,
¿qué he de vender? La ceniza,
de nuestra quinta abrasada
   lavanderas comprarán
para colada y lejías.

Íñigo   ¡Qué extraño humor siempre crías!
(Quítase el gabán.)   Toma, vende este gabán.

Gallardo   ¿Y en cuánto?

Íñigo   En lo que pudieres.

Gallardo   ¡Bravo San Martín de amor!
¿Ya das la capa, señor?

Íñigo   Desnudo anda Amor. ¿Qué quieres?

Gallardo   Si por Dios hubieras hecho
lo que por esta mujer,
sin dormir y sin comer,
pobre, afligido y deshecho,
   ¿qué san Onofre o san Bruno
se atreviera a aventajarte?
Bien puede canonizarte

Amor.

Íñigo
          No sea, importuno.
          Véndele, y algún regalo
          trae, que cene la princesa.

Gallardo
          ¿Sin manteles, silla y mesa?
          Mas al hambre no hay pan malo.
             Ahora bien, dos gruesas tengo
          de botones, y también
          trescientos palillos.

Íñigo
                    Bien.

Gallardo
          Entretenla miéntras vengo;
             que si topo buena venta,
          no faltará qué cenar.

Íñigo
          ¿Con qué te podré pagar?

Gallardo
          Despúes haremos la cuenta,
             si de estado y vida mudas,
          pues no siempre así has de verte.
          El gabán vuelve a ponerte.

(Vístese el gabán don Íñigo.)

          Toma, arrópate, que sudas;
             y si Amor la ocasión goza,
          asegura aquesta dita.
          Mientras que vuelvo, desquita
          lo que te debe esta moza.

Íñigo
             ¡Vive el cielo, descortés,

que estoy...

Gallardo
  Ea, ¿ya empezamos?
Dame la muerte, y veamos
cómo cenaréis después.

(Vase Gallardo.)

Íñigo
  No ha mucho tiempo, señora,
que otra vez os hospedé;
y, aunque pobre, no podré
lo que entonces hice, agora.
  Una fortuna corremos
los dos, y en esto al Amor
soy solamente deudor,
que en algo nos parecemos.
  De vuestro estado y sosiego
el rey severo os ha echado;
mi hacienda el fuego ha quemado
casi es uno el rey y el fuego.
  Perdonad, señora mía,
mi pobreza y cortedad,
que con mas felicidad
nos veremos algún día,
  y el amor con que os me ofrezco
estimad.

Matilde
  Por no pagar
con palabras, con callar
esta merced encarezco.
  Ejecutad obras cuando
mude mis desdichas Dios;
que quiero aprender de vos,
don Íñigo, a obrar callando.

(Vanse los dos. Salen Laura y Sirena.)

Laura

Demás de lo que intereso,
en que vos mi casa honréis,
y la amistad que profeso
viéndoos en ella aumentéis,
para cosas de mas peso,
me huelgo, Sirena mía,
de que en vuestra compañía
podamos tratar las dos
cosas, que de sola vos
el amor que os tengo fía.

Sirena

De esa manera os seré,
Laura, en dos cosas deudora;
una en que con vos esté,
y otra en que honréis desde agora
el crédito de mi fe.
Socorréis mi adversidad,
fiaos de mi amistad,
y contra mi suerte escasa
me hospedáis en vuestra casa.
Mucho os debo.

Laura

Eso dejad,
que me afrentáis, por mi vida.
¿Qué tengo yo que no sea
vuestro, Sirena querida?
Mi amor en las dos desea
que no haya cosa partida.
Según esto, no gastemos
el tiempo en vanos extremos;
que la amistad y el amor,

81

cuanto mas llano es mejor,
y así la nuestra ofendemos.
    ¿Cómo quedó vuestro hermano?

Sirena   Eso imaginadlo vos.
Quejándose al viento en vano
de que nos trate a los dos
tan mal el fuego inhumano,
    pobre, triste, y más amante
que nunca.

Laura   ¡Extraña fineza!
De ver amor tan constante,
la misma naturaleza,
porque su valor quebrante,
    parece que le persigue,
y de industria le empobrece.

Sirena   No hay desgracia que le obligue,
porque en los trabajos crece
el amor que al noble sigue.

Laura   ¡Venturosa yo, si hallara
un hombre que así quisiera,
y desdeñado obligara!

Sirena   Ser esposo vuestro espera
Próspero, y el rey le ampara,
    que es cortés y caballero.

Laura   ¡Ay amiga! No me nombres
amante tan palabrero
si así son todos los hombres,
Sirena, a ninguno quiero.

El galán que es hablador,
ser papagayo de amor,
y no firme amate intente,
pues habla lo que no siente,
con tanta pluma y color.
   Una urraca puede ser
con propiedad su mujer,
porque hablar con él presuma.
Toda ave de mucha pluma
tiene poco que comer.
   Un cisne en la consonancia
música y plumas, alegra;
más, es de poca importancia,
pues su carne dura y negra
ni es de gusto, ni sustancia.
   Don Íñigo, sí, que es todo
quinta esencia del amor;
más a amarle me acomodo.

Sirena	De tu parte ese favor le agradezco.
Laura	Esto es de modo, que a no ver que ausente está Matilde, no descubriera la pena que amor me da.
Sirena	La ausencia, que es novelera, su firmeza mudará; y el no verse agradecido ha de hacer en tu favor; que engendra, en quien ha sufrido la ingratitud, desamor, y la ausencia causa olvido.

Laura	Quiera Dios que hagan en él milagros estos efetos; pues si estima mi amor fiel, los más ilustres sujetos menospreciaré por él.
Sirena	Como declararle intentes esa voluntad por mí, no hay duda de que violentes la de Matilde.
Laura	Hazlo así.

(Sale Gallardo pregonando.)

Gallardo	¡Palillos y mondadientes!
Laura	¿Qué es esto?
Gallardo (Aparte.)	(¿El primer encuentro es Laura? Llámole azar.)
Laura	¿Hasta aquí os habéis de entrar?
Gallardo	Yo donde hallo abierto me entro; pero ¿hay más que nos salgamos?
Sirena	¡Gallardo!
Gallardo	Señora mía, ¿Aquí estás, y no te veía? Pero tan flacos andamos tu hermano y yo de cabeza

desde la desgracia acá,
que un buey no veremos ya.
¡Mal haya tanta pobreza!

Laura   ¿Quién es éste?

Sirena   De mi hermano
un criado, extraño humor.

Laura   Pues ¿dónde vais?

Gallardo   Mi señor,
que aunque pobre, es cortesano...
(Aparte.)   (¿Qué diré para encubrir
que me ha enviado a vender
palillos para comer?
Ya se me olvida el mentir.
   No soy yo quien ser solía.)
Digo, pues, que mi señor,
que aunque pobre, tiene amor...

Laura (Aparte.)   (¡Si fuese yo a quien le envía!)

Gallardo   Como con él se sustenta,
palillos no ha menester;
y así por agradecer
el mucho regalo y cuenta
   que a Sirena hacéis, se atreve
y os envía estos regalos,
que es como daros de palos;
mas nadie, señora debe
   de dar más de lo que tiene.

Sirena   Necio, ¿estás fuera de ti?

¿Mi hermano afrentas así?

(Habla Gallardo aparte a Sirena.)

Gallardo   ¿Pues qué? ¿he de decir que viene
                                  Gallardo por la ciudad
                              mondadientes a vender,
                              para darle de comer?
                              Pues si lo digo, es verdad.

Sirena   Éste no está en su juicio.

Gallardo   Porque no ande por el mundo,
                              cual yo, mi amo vagamundo,
                              hemos aprendido oficio.

Sirena   Anda, loco.

Gallardo   Pues, ¿de qué
                              nos hemos se sustentar?
                              Mi amo vive de amar;
                              pero yo ¿qué comeré,
                                  si no gasto esa hortaliza?
                              Todo el fuego lo asoló,
                              y antes con antes llegó
                              el miércoles de ceniza.
                              A vender vengo botones
                              si algunos son menester
                              en casa, yo los sé hacer;
                              y no siendo camaleones,
                                aunque le pese a la llama,
                              he de buscar provisión;
                              que aun para ser cama-león,
                              me quemó el fuego la cama.

Laura	¡Válgame el cielo! ¡Que a tanto la necesidad obligue a un caballero!
Gallardo	Nos sigue la pobreza, que es espanto.
Laura	Ahora bien, los mondadientes que traéis, quiero compraros.
Gallardo	Con ellos podéis limpiaros, quo allá son impertinentes. ¡Ved qué lisos y amarillos! Que como sin casa estamos con palillos procuramos hacer casas de palillos.
Laura	Dadle, amigo. esta cadena; mas no le digáis que es mía.

(Toma Laura los palillos y da a Gallardo una cadena.)

Gallardo	Con otra tal cada día, me volviera yo alma en pena.
Laura	Cuando se la deis, decilde que a hallar voluntad en él, no fuera Laura cruel, si fue diamante Matilde. Dadme también los botones.
Gallardo	Si amor os quita el sosiego, botones serán de fuego.

Laura	Tomad vos estos doblones.
Gallardo	¿Qué mármol no ablandarás? A no doblonarme así, doblar pudieran por mí. Doblado mereces más que la princesa doblada que al rey hizo trato doble; mas larga eres que ella al doble y adiós, que hay cena doblada.

(Vase Gallardo.)

Sirena	¿Con qué, agradecer podré tu noble y liberal pecho?
Laura	Sirena, el Amor lo ha hecho. Ámole, y no sé por qué, pues ni voluntad le debo, ni amor jamás apetece el amante que empobrece.
Sirena	Que es oro en quilates pruebo, pues tanto más es de ley, cuanto menos liga tiene. Pero escucha, que el rey viene.
Laura	¡Jesús! ¡En mi casa el rey!

(Sale el Rey.)

Rey	No será la vez primera ésta que un rey haya entrado

en casa de su privado,
y más, Laura, cuando espera
  tan bello recibimiento
como el que vuestra hermosura
me hace.

Laura
            Tanta ventura
no cabe en mi atrevimiento
  tan corto, ni estas paredes
merecen tanto favor;
mas vuestra alteza, señor,
siempre entra haciendo mercedes.
  Dame tus pies.

Rey
                Esta dama,
¿quién es?

Laura
             Una amiga mía.

Rey
El Sol siempre lo es del día.
¿Quién es, y cómo se llama?

Laura
    De don Íñigo es hermana
de Ávalos, el blasón
de la española nación.

Rey
Y la lealtad castellana.

Laura
  Sirena, señor, se llama.

Rey
Muy bien el nombre conforma,
Laura, con su bella forma.

Sirena
Tus pies beso.

Rey   ¡Hermosa dama!
                  Ruy López de Ávalos fue
                  de mi padre gran privado,
                  y don Íñigo es soldado
                  de valor, prudencia y fe.
                     Pobre me dicen que está,
                  porque el fuego y el amor
                  han probado su valor.

(De cuando en cuando mira el Rey a Sirena.)

Laura   Muestras del que tiene da
                     en los nobles sufrimientos
                  con que lleva esta desgracia.

Rey   Y Sirena tiene gracia
                  de arrebatar pensamientos.
                     Yo, Laura, he venido a veros
                  y de camino a emplearos
                  en quien vive de adoraros
                  y busca reyes terceros.
                     Suplícame el de Taranto
                  que suyo agora lo sea;
                  y por lo bien que se emplea
                  tal belleza en valor tanto,
                     el parabién de princesa
                  pienso que os podemos dar.
                  Determínole enviar
                  por general de esta empresa
                     contra el conde y he creído
                  primero obligar su amor
                  porque siempre es vencedor
                  quien ama favorecido.

90

Laura (Aparte.)   (¿Qué es esto, esperanza vana?
                    ¿Quién vuestro amor desordena?)

Rey   En fin, ¿que vos sois Sirena,
                    y de don Íñigo hermana?

Sirena   Soy vuestra esclava.

Rey   Enterrada
                    en esta ciudad está
                    otra Sirena que da
                    nombre y fama celebrada
                        a nuestra Nápoles bella.
                    De Parténope tomó
                    principio, que aquí murió;
                    mas vos, más hermosa que ella,
                        su fama podéis borrar.

Sirena   Bésoos los pies.

Rey   Más se honrara
                    si Sirena se llamara
                    como vos. ¿Podréle dar
                        a Próspero el parabién,
                    Laura?

Laura   Gran señor, primero
                    Lo trataré con Rugero.

Rey   Cuerda sois. Advertís bien;
                        mas él ha comprometido
                    en mí su gusto.

91

Laura (Aparte.)   (¡Qué extraña
confusión!)

Rey   Sirena, España
su Hermosura ha reducido
   en vos. ¡Dichoso el amante
que de vuestros pensamientos
es dueño! Merecimientos
tendrá muchos. ¿Es constante?
   ¿Es galán? ¿Tiene nobleza?

Sirena   Hasta agora, gran señor,
ignoro lo que es amor.

Rey   ¿Por qué causa?

Sirena   La pobreza
   divierte el fuego amoroso
que en solo el vicio consiste,
y amor de ordinario asiste
en el próspero y ocioso.

Rey   ¡Ah, sí! Ya no me acordaba
de Próspero. Divertido,
Sirena, me habéis tenido.

Sirena   Mucho honráis a vuestra esclava.

Rey   Dadme, Laura, la respuesta
que de mi intercesión fío.

Laura   Siendo vuestro gusto el mío...

(Mirando a Sirena.)

Rey (Aparte.)   (¿Hay belleza más honesta?)

Laura   Por fuerza he de obedecer
                       lo que vos, señor, gustáis...

Rey   En fin, Sirena, ¿no amáis?

Laura   ...pero no habéis de querer...

Rey   ¿Por qué no he de querer yo?
                       ¿No tienen amor los reyes?
                       ¿No los oprimen sus leyes?

Laura   Señor, no hablo de eso.

Rey   ¿No?
                       Pues proseguid adelante.
(Aparte.)   (¿Hay mas hermosa mujer?)

Laura   No habéis, señor, se querer,
                       si siendo rey sois amante,
                          usar de la autoridad,
                       dando al príncipe favor
                       en ofensa de mi amor,
                       suprema.

Rey   Decís verdad.

Laura   El príncipe de Taranto
                       merece por su nobleza...

Rey (Aparte.)   (¡Sin amor y con belleza.
                       Sirena! ¡De vos me espanto.)

Laura   ...otro más alto sujeto
                   que yo; pero amor sin ley...

(Mirando a Sirena.)

Rey   ¿No es alto sujeto un rey?
                   Pues si yo amaros prometo...

Laura   ¡Vos, señor, amarme a mí!

Rey   Yo a vos no, Laura. Creía
                   que a Sirena respondía.

Laura (Aparte.)   (¿Qué es esto, cielos?)

Rey   Decí.

Laura (Aparte.)   (Bien quiere el rey a Sirena.)

Rey   Proseguid, que atento estoy.

Laura   Digo pues, que el sí que doy
                   a vuestra alteza, es con pena
                     de darle sin libertad,
                   porque de mi pensamiento,
                   perdone mi atrevimiento,
                   señor, vuestra majestad,
                     es dueño solo el hermano
                   de Sirena.

Rey   ¿Cómo es eso?

Laura   A don Íñigo, os confieso

94

que por noble y cortesano,
   con honesto fin se ordena,
señor, mi amor declarado.

Rey   Don Íñigo es gran soldado,
           y hermano, en fin, de Sirena.
              ¿Qué importa que no consiga
           Próspero su pensamiento?
           Yo las almas no violento;
           solo el Amor las obliga.
              Después, Laura, que entré aquí,
           sé la fuerza con que abrasa
           Amor, y lo que en vos pasa,
           puedo yo sacar por mí.
              Para la guerra que aguardo,
           don Íñigo es conveniente,
           que hará un general valiente,
           sabio, animoso y gallardo.
              No tengo satisfacción
           que a Próspero tanto obligue,
           ni del conde sé si signe
           en secreto la opinión.
              Propondrélo a mi consejo,
           y haréte luego elegir,
           y porque este cargo ha de ir
           Laura, a vuestra boda anejo
              si Próspero os es odioso
           y al español guardáis fe,
           a un tiempo lo llamaré
           yo general, vos esposo.
              Entre tanto vos, Sirena,
           decid a la que me abrasa,
           que por entrar en su casa.
           un rey no merece pena.

Y si ignoráis a quien deis
la embajada con que os dejo,
decídselo a vuestro espejo,
que en él mi dama veréis.

(Vase el Rey.)

Laura
>
> ¿Qué es esto, Sirena mía?

Sirena
>
> Palabras, Laura, serán
> de un rey mancebo y galán,
> dichas más por cortesía,
>   que porque amorosas llamas
> tan presto pena le den.

Laura
>
> No, amiga, él te quiere bien.

Sirena
>
> Anda, que siempre a las damas
>   hablan los reyes así,
> cuando son mozos.

Laura
>
>   No sé.
> En tus ojos le miré
> suspenso y fuera de sí.
>   Plegue a Dios que tu hermosura
> te dé lo que yo deseo;
> que en ella cifrada veo
> mi esperanza y tu ventura.

Sirena
>
>   Si que me corra pretendes,
> dime, Laura, de eso más.

Laura
>
> En buen punto, amiga, estás.
> Ganarás, si el juego entiendes.

Buena parte le ha cabido
a tu hermano de esta empresa
como olvide a la princesa,
y quiera a quien le ha querido.
    El cargo de general tengo
en dote que ofrecerle.

Sirena   Tu esposo estimo en más verle
                que con la corona real.

Laura   Sospecho que ha de llamarle
                el rey. Porque a su presencia
                pueda ir con la decencia
                que es justo, quiero enviarle
                    caballos, joyas y galas.

Sirena   Tu nobleza satisfaces;
                mas por ti misma lo haces,
                pues a tu valor le igualas.

Laura   En fin, tu amor no perdona
                los reyes, Sirena bella,
                pues a tus pies atropella
                de Nápoles la corona.

Sirena   Déjalo ya.

Laura   Ya lo dejo;
                mas pues se fue enamorado,
                anda y llévale el recado
                que el rey te mandó a tu espejo.

(Vanse las dos. Salen don Íñigo y Gallardo.)

Íñigo	Pues, Gallardo, ¿qué tenemos? ¿Traes algo?
Gallardo	Haz cuenta que nada.
Íñigo	¿No vendiste los botones?
Gallardo	La corte esta abotonada sin haber ojal vacío no hay tienda, calle, ni plaza libre de mi diligencia; pero no dan una blanca por botones ni palillos.
Íñigo	¡Que a esto lleguen mis desgracias! ¿Qué hemos de dar a Matilde?
Gallardo	Botones en ensalada, pues dos docenas hay verdes; otra docena guisada, creerá que son arverjones; una cazuela atestada de botones y de hormillas, dirémosle que son habas; botones por aceitunas, que si traen de suela el alma, vendrán a ser zapateras, en lugar de sevillanas; y por postres mondadientes, que hartos hay, al cielo gracias, y habrá en Nápoles hidalgos, a fuer de Guadalajara.
Íñigo	¡Buena cena!

Gallardo	¡Y cómo bena! ¿No hubo señor en España, que a su zapatero hizo darle sus botas guisadas? Pues de botas a botones, ¿Qué va?
Íñigo	Si el gabán llevaras...
Gallardo	Antes que llegara allá, los gabanes no se usaran.
Íñigo	Si quieres que me dé muerte, di mas disparates.
Gallardo	Mata el hambre, y harás mejor. Llamóme una cortesana con media vara de boca, y al fin para abotonarla, una gruesa me compró; mas como era tan ancha no han de bastar veinte gruesas. Dióme seis reales en plata, di con ellos y conmigo en una hostería...
Íñigo	Acaba de decirlo, pues.
Gallardo	Compré morcillas negras y blancas, en buen romance, mondongo.

Íñigo	Anda, vete enhoramala.
Gallardo	Para ti y para Matilde, con su caldo y con su panza, un pan, rábanos y queso.
Íñigo	¡Vive Dios! Si no mirara que eres un loco bufón...
Gallardo	¿Qué querías que comprara?
Íñigo	Un ave.
Gallardo	El Ave María, [puedes dar, si quieres, que hartas tiene tu rosario ya,] porque esotras valen caras.
Íñigo	¿Quién hace caso de ti?
Gallardo	Vuelve acá, la burla basta. Un pavo traigo manido, con más pechugas que un ama, dos gallinas, tres conejos, de vitela una empanada, ostiones en escabeche, una bota calabriada de Chipre y de Malvasía, medio tinta y medio blanca, diacitrón y confitura hay para postre, dos cajas.
Íñigo	¿De veras?

Gallardo	Y tan de veras, que una bestia está cargada a la puerta de la quinta. Vuelve la vista, y verásla.
Íñigo	Ya la veo, y ya te doy, Gallardo, brazos y gracias.
Gallardo	Dime, amores, por tu vida, ¿sacarás luego la daga? ¿Tendrémos cuerpo presente o enviarásme enhoramala, cuando soy mantenedor, mejor que tú, de tu casa?
Íñigo	¿Quién te socorrió tan presto?
Gallardo	Si te dijera que Laura, la que a mi señora hospeda, y de Rugero es hermana, ¿qué dijeras?
Íñigo	Anda, necio.
Gallardo	Si en fe que te adora y ama, mondadientes y botones en doblones me trocara, y haciendo tu amor la costa. socorriera nuestras faltas, y el alma misma te diera porque a Matilde olvidaras. ¿Qué hicieras? Digo otra vez.

| Íñigo | A ser verdad lo que hablas, |
| | te abrasara a ti y a ella. |

| Gallardo | Y después, ¿con qué cenaras |

Íñigo	Acabemos ya, Gallardo,
	que son burlas muy pesadas
	las tuyas para este tiempo.
	Si lo que traes dio Laura,
	vete con ello, y no vuelva
	a verme jamás la cara;
	que no socorre cortés
	quien interesable agravia.
	¡Yo olvidar a la princesa!
	No ha pintado la mudanza
	al temple en mí su hermosura
	sino en bronces y medallas.
	No quiero ya tus regalos.

Gallardo	Pan perdido, vuelve a casa,
	que todo esto es chilindrina.
	Sirena es quien te regala.

| Íñigo | ¿Vióte Laura? |

| Gallardo | Ni por pienso. |

| Íñigo | ¿Pues cómo hablaste a mi hermana? |

Gallardo	Cuando pasé por la calle,
	me llamó de la ventana,
	y dándome seis doblones,
	de tus penas lastimada,
	dijo que a poder con ello.

te diera también el alma.

Íñigo	¿Sabe que está aquí Matilde?
Gallardo	Yo en eso no hablé palabra; y si es que ella lo sospecha, es tan cuerda que lo calla. ¿Qué es de nuestra peregrina?
Íñigo	Por llorar después, descansa.
Gallardo	¿Y adónde!
Íñigo	¿Tengo yo mas que una mal compuesta sala?
Gallardo	Y una cama sola en ella, aunque no rica, aseada. Págueselo Dios al fuego, que nos la dejó de gracia. ¿Dónde piensas dormir tú?
Íñigo	¿Ha de faltar una tabla?
Gallardo	Recoleto eres de Amor; los zuecos solo te faltan. Voy a dar traza en la cena; y a fe que no fuera mala, si se la diera cocida; cenárala en casa asada.

(Vase Gallardo. Salen Rugero y Teodoro y hablan los dos sin reparar en don Íñigo.)

Rugero	¿Si le hallarémos aquí?
Teodoro	No sale sino es a caza; que dicen que se sustenta con ella.
Rugero	¡Qué hermosa casa aquí mi envidia abrasó!
Teodoro	¿Y de qué sirvió abrasarla, no saliendo con tu intento?
Rugero	Sacó, en brazos, de las llamas a Matilde el español, siendo Eneas de su dama, y acreditó su nobleza en el fuego y en el agua. Pero, Teodoro, ¿no es éste?
Teodoro	El mismo.
Rugero	Si por mi hermana olvida a mi opositora, desde hoy cesan sus desgracias.
(Llegando a él.)	Dadme, don Íñigo, albricias El rey, mi señor, os llama para honrar vuestro valor, y hacer de vos confianza. Muchos parabienes tengo que daros y por mi causa todos ellos.
Íñigo	¡Oh Rugero! ¿Qué es, pues, lo que el rey me manda?

Rugero	Quiere haceros general en la guerra que amenaza, y de vuestro esfuerzo fía su reino, su vida y fama. Pero esto con condición que siendo esposo de Laura, aseguréis las sospechas que vuestro crédito agravian. Ya sabéis que va Matilde de Nápoles desterrada, porque contra su lealtad hallaron no sé qué cartas en que convida al de Anjou con su estado, hacienda y armas para que en Nápoles reine, de quien es apasionada.
Íñigo	Bien.
Rugero	Como el rey ha sabido las muestras trasordinarias que a costa de vuestra hacienda lo que la queréis declaran aunque conoce el valor que invencible os acompaña, y que en la ocasión presente si su ejército os encarga ha de salir con victoria, recela que vuestra dama tras sí la lealtad os lleve, del modo que os lleva el alma. Para asegurarse de esto, con Laura, mi hermana, os casa,

dándoos título de conde,
y en su consejo os aguarda
de guerra; y aunque merecen
más que esto vuestras hazañas,
la merced que os hace el rey,
pienso que ha sido a mi instancia.

Teodoro   Laura también os espera,
no como Matilde, ingrata,
sino juzgando por siglos
las horas que en veros tarda.
Y porque con la decencia
que hombre de tanta importancia
como vos, a hablar al rey,
don Íñigo noble, vaya,
en fe del amor que os tiene.
Llenando un baúl quedaba
de joyas y de vestidos,
curiosidades y galas.

Rugero   No me da lugar mi prisa
para que aguarde las gracias
que queréis darme por esto,
por mandarme el rey que parta
tras Matilde y que la prenda;
que los deudos que en Italia
tiene, si la ven así,
han de procurar vengarla.
Id, don Íñigo, a la corte,
donde la dicha os aguarda
que vuestro valor merece,
y adiós.

(Vanse Rugero y Teodoro.)

Íñigo   Tentaciones vanas,
                    no habéis de ser poderosas
                    para vencer la constancia
                    de mi amor firme en Matilde.
                    Aunque agradecido a Laura
                    —ivive Dios!— que aunque pusiera,
                    porque a Matilde olvidara,
                    en mis sienes su corona
                    quien me ofrece su privanza,
                    agora que todo el mundo
                    ingrato la desampara,
                    estimo mas el servirla
                    que ser el mayor monarca.

(Sale Matilde.)

Matilde   Don Íñigo, desde aquí,
                    Temerosa [y escondida,]
                    escuché a mis enemigos
                    que el rey don Fernando os llama,
                    que os hace su general,
                    y con Laura hermosa os casa,
                    que os da título se conde,
                    y vuestra fortuna ensalza.
                    No es mucho que lo aceptéis,
                    viéndoos pobre por mi causa,
                    mal pagado vuestro amor,
                    vuestra lealtad mal premiada...

Íñigo   Matilde, yo no encarezco
                    lo que os quiero con palabras,
                    que el amor que es verdadero
                    poca retórica gasta.

107

Agora veréis quién soy.
¡Gallardo!

(Sale Gallardo, con mandil y un cucharón.)

Gallardo   ¿Hay hambre? ¿Qué mandas?

Íñigo   Cierra esas puertas.

Gallardo   Bien dices
cenar a puerta cerrada
es cordura.

Íñigo   Date prisa;
y escucha.

Gallardo   Ya eché la tranca.

Íñigo   ¿Qué cabalgadura es ésa
que trujiste ahora, cargada
en la cena, de la corte?

Gallardo   Ahí es de un camarada.

Íñigo   Ocasión se ofrece agora,
en que muestres que me amas

Gallardo   Cenemos, si es que me obligas
a hacer alguna jornada.

Íñigo   Aparéjala...

Gallardo   ¿Qué intentas?

Íñigo	Y aquel repostero saca que nos quedó.
Gallardo	¿Para qué?
Íñigo	Ponle de suerte que vaya la princesa mi señora, en él mas acomodada. Caminando cenaremos; que no ha de cogerme en casa el presente con que inenta Laura vencer mi constancia. Guarde sus cargos el rey, y con ellos merced haga a quien, cual yo, no antepone a su valor su privanza; que vos y yo, mi princesa como nos da ser un alma, corremos una fortuna, y es necio quien nos aparta. Venid, y no repliquéis.
Matilde	¡Oh blasón y honra de España!
Gallardo	Voy a recoger la cena. Haré alforjas de mi capa, que lleve nuestro rocín en el arzón de tu dama.
Íñigo	Ea, pues, démonos prisa.
Gallardo	En fin, ¿hemos de ir a pata?
Íñigo	Tiene Amor alas y vuela.

Gallardo	¡Bueno! Atente tú a sus alas,
	y depáreme a mí Dios,
	aquí debajo unas ancas.

Fin de la segunda jornada

Jornada tercera

(Salen el Rey y Próspero, vestidos como de noche.)

Rey
                    ¿Sirena Próspero, es dina
                    de mi corona real?

Próspero
                    Su belleza es peregrina,
                    mas no a tu valor igual,
                    puesto que en ti predomina.
                        Pero escucha, que sospecho
                    que a la ventana han salido
                    Sirena y Laura.

Rey
                            En mi pecho,
                    de que el Sol ha amanecido,
                    sus rayos señal han hecho.

(Salen Laura y Sirena, a la ventana.)

Laura
                    Déjame, Sirena mía,
                    Decir mi amor a los cielos;
                    que es de noche y tendrá celos
                    del Sol, que ausentó su día.
                        En fin, ¿tu hermano se fue
                    con Matilde?

Sirena
                            Las espías,
                    Laura, de celos, que envías,
                    puesto que vuelvan, yo sé
                        que mienten, si eso te dicen;
                    porque los que con mi hermano
                    afirman que está en Rojano
                    Matilde, se contradicen;

                    pues ninguno hay que haya visto
                    a don Íñigo con ella.

Laura   El alma es profeta, y della
                    colijo el mal que resisto.
                       No le hallaron mis criados,
                    cuando en muestras de mi fe,
                    el presente le envié,
                    a vuelta de mis cuidados.
                       Por acudir a lo más,
                    de servir al rey dejó.

Sirena   Supiéralo, Laura, yo,
                    si se fuera. ¡Extraña estás!

Laura   Yo siento lo que ha perdido
                    con el rey, por no ser cuerdo
                    y lo que en perderle pierdo,
                    me hace perder el sentido.
                       Pero buena intercesora
                    cuando vuelva, tendrá en ti
                    don Fernando.

Sirena   ¿Cómo así?

Laura   Si el rey, Sirena, te adora,
                       ¿qué no alcanzarás con él?

Sirena   Laura, ya te he suplicado
                    que no, porque en este estado
                    me tenga el tiempo cruel,
                       pierda contigo el valor
                    que de mi sangre heredé.
                    Si cortés y galán fue

conmigo el rey mi señor,
    mostró, al uso de palacio,
lo que a las damas estima.

(Habla el Rey bajo a Próspero.)

Rey   Príncipe, lición de prima
                        oye aquí mi amor de espacio.
                            ¡Que divino entendimiento!
                        Alma, escuchad y aprended.

Sirena   ¿Quiéresme a mí hacer merced
                        que mudemos argumento?

Laura   No, por tu vida, Sirena;
                        que podrá ser que esté aquí
                        el Rey, despierto por ti,
                        pues no duerme amor que pena,
                            y holgaréme, si te escucha,
                        que en lo que le sirvo vea.

(Llegando a la ventana.)

Rey   Aquí está quien os desea
                        hacer, Laura, merced mucha.

Laura   ¡Ay, Sirena, el rey!

Rey   También
                        puede un rey ser rondador.

Laura   ¡Tanta merced, gran señor!

Rey   Lo que los ojos no ven,

porque la noche lo impide,
oír el alma desea;
mientras su dicha no os vea,
Hablad, palabras os pide.

(Habla Laura aparte a Sirena.)

Laura
Aprovecha la ocasión,
Sirena, que a tu ventura
ofrece el cielo. Procura
cumplir con la obligación
en que Fernando te ha puesto.

Sirena
Señor, ¿pues de noche envía
Amor a un rey por espía?
¡Caso raro!

Rey
En este puesto
vengo a ser posta perdida
que en las amorosas leyes
no se preservan los reyes.

Sirena
A riesgo tendréis la vida,
si perdida posta os hace
el Amor.

Rey
Decís verdad,
pues perdí la libertad,
de quien vida y gusto nace.
Bien podéis de aquí sacar
la fuerza que en un rey tiene
el ciego dios.

Laura
Gente viene

114

no os oigan, señor, hablar.

(Apártanse a un lado el Rey y Próspero. Salen Rugero y Teodoro. Rugero trae una carta.)

Rugero   Firmé la carta. Que ejecutes luego
importa, mi Teodoro, tu partida;
que toda dilación es peligrosa.
Al de Rojano ofrezco aquí, de parte
del rey, que si le da muerte a Matilde,
en cuyo amparo está, dará la mano
a la infanta su hermana. Está la firma
al vivo contrahecha. Parte al punto,
y dásela en sus manos; que me importa,
por lo menos, gozar libre a Salerno,
quitando de por medio a mi enemiga.
Si pones diligencia, fácilmente
puedes llegar can postas a Rojano
mañana a medio día.

Teodoro   ¿Y tú no escribes
al duque, asegurando la promesa
de aquesta carta?

Rugero   Adviertes cuerdamente.
Espérame entre tanto que la escribo;
que no quiero que Laura te detenga
si en mi casa te ve, como acostumbra,
sino que desde aquí te partas luego.

Teodoro   Aguardo pues.

Rugero   Al punto saco el pliego.

(Vase Rugero.)

Rey   ¿Fuéronse?

Próspero   El uno solo se entró en casa,
y el otro se ha quedado en esa esquina.

Rey   Pues llévale de aquí dos o tres calles.

Próspero   Si alguno, gran señor, no lo socorre,
yo sabré cómo riñe o cómo corre.

Teodoro (Aparte.)   (Dos hombres hay debajo de las rejas
de Laura, y me parece que encaminan
a mí sus pasos. Yo no soy más que uno...)
(Aparte.)   ¿Quién va? (¡No me responde, y desenvaina!
Huir, Teodoro, que será desgracia
reñir sin causa, y no morir en gracia.)

(Vase Teodoro y Próspero tras él.)

Laura   Señor, mi hermano pienso que está en casa.

Rey   Pues retiraos las dos, que no pretendo
que sepa vuestro hermano mis amores,
y dadme, mi Sirena, vos licencia
para cursar mas noches este sitio.

Sirena   Vuestra esclava soy.

Rey   ¿Y no mi dama?

Sirena   Sois rey, humilde yo, frágil la fama.

(Vanse Laura y Sirena. Rugero sale con la carta, y habla al Rey.)

Rugero   Teodoro, mi dicha estriba
en sola tu diligencia.
No vuelvas a mi presencia,
si a Matilde dejes viva.
   En esta carta del rey,
aunque falsa, está el sosiego
de mi estado. Parte luego,
si a mi amistad guardas ley.
   Que pues otra falsa firma
le quitó estado y honor,
quitándome ésta el temor,
a Salerno me confirma.
   Dile al duque de Rojano
la suerte que se le ofrece,
y de la infanta encarece
la hermosura; que su hermano
   le espera; que el rey le hará
el todo de su privanza;
la lealtad que en su alabanza
consigue, si muerte da
   a quien contra su señor
conspira; y cuando le vieres,
dile, en fin, cuanto supieres.

Rey (Aparte.)   (¿Qué es esto, cielos?)

Rugero   Valor
tienes, Teodoro. Haz de modo
que salgas con lo que vas;
muera Matilde, y serás
señor de mi estado todo.
   ¿No respondes? ¿Qué recelas?

(Disimula la voz el Rey, rebozado.)

Rey   Hacer callando es mejor,
no nos sientan. El amor
que te tengo pone espuelas
  al deseo que me lleva
a darte gusto.

Rugero   Ya tienes
postas, Teodoro. Si vienes
con la deseada nueva,
  una alma somos los dos.

(Dale la carta.)

Rey   Esto y más haré por ti.

Rugero   ¿Tomaste la carta?

Rey   Sí.

Rugero   Vete.

Rey   Voyme.

Rugero   Adiós.

Rey   Adiós.

(Vase Rugero.)

Rey   ¿Vio suceso semejante
el mundo? ¡Ah traidor Rugero!

Amor, daros gracias quiero;
pues a no ser yo hoy amante,
  no supiera el trato falso
de este traidor. Hoy verá
Nápoles que el pago da
al traidor un cadalso.

(Sale Próspero.)

Próspero
    ¡Qué buenas fugas hiciera,
a ser músico, el cobarde!
Bien puedes hacer alarde
de tu amor.

Rey
          ¿Huyó?

Próspero
          Pudiera
  ser músico de interés,
según pasacalles canta;
que hacen pasos de garganta
las gargantas de sus pies.
  ¿Qué es de las damas?

Rey
              Despacio
le diré cuánto favor
por ellas me hizo el Amor.
Cerca de aquí está palacio
  al capitán de mi guarda
llamad luego.

Próspero
        Pues ¿qué ha habido?

Rey
Milagros me han sucedido.
El cielo a Matilde guarda.

                    Di que traiga un escuadrón
                    de alabarderos.

Próspero   ¿Qué es esto?

Rey   Aquí te espero. Ven presto.
(Aparte.)   (¡Darla muerte! ¡Hay tal traición!)
                    ¿No vas?

Próspero   Sí, señor.

Rey   Aguarda,
                que más hará mi presencia.
(Aparte.)   (Matilde, vuestra inocencia
                fue hoy vuestro ángel de guarda.)

(Vanse. Salen don Íñigo, con escopeta, y Gallardo.)

Íñigo   Esto está bien hecho así.

Gallardo   No sé yo que tan bien hecho.

Íñigo   Pues ¿qué querías?

Gallardo   Yo, nada.
                A la quinta nos volvemos
                tan medrados como fuimos.
                ¡Amante eres de provecho!
                Ya que a Matilde llevamos
                a costa de los dineros
                que nos dio, señor, tu hermana,
                pienso yo que fuera bueno
                que dándote a conocer
                al duque su primo o deudo,

entráramos en Rojano;
y el favor agradeciendo
con que le diste la vida,
noble en reconocimiento,
remediara tu pobreza,
pues por Matilde nos vemos
casi en pelota los dos.

Íñigo   ¿No eres más discreto que eso?

Gallardo   Fuimos a pata con ella,
representando el destierro
de Egipto, como le pintan.
Por páramos y desiertos
llegamos a media noche
a la ciudad, y en abriendo
las puertas de su palacio,
entró tu señora dentro,
despidiéndose amorosa;
y los dos, de puro cuerdos,
como insignias de mesón,
nos quedamos al sereno.
¡Cuerpo de Dios! ¿Fuera mucho,
ya que fuimos arrieros
de Amor, que el duque su primo
nos pagara aqueste tercio?
¿Somos sastres del Campillo?

Íñigo   ¡Qué de respuestas que tengo
que dar a tus necedades!

Gallardo   ¡Bien con ellas cenaremos!

Íñigo   ¿Parécete a ti que fuera

decente que un caballero
como yo, llegara así
delante del duque, necio?
Si supieran en Rojano
que yo por Matilde he vuelto
contra el gusto de mi rey,
¿no me culparan por ello?
Más precio que no me hallase
aquí el presente molesto
de Laura, por no quedar
mi amor a satisfacerlo,
que cuantas riquezas trae
a cuestas el mar inmenso.

Gallardo   Alto pues, ya que los dos
a las reliquias volvemos
de nuestra abrasada Troya,
no hay sino cazar conejos
vuesa merced; y yo darle,
y hacer botones.

Íñigo   Primero
iré a ver lo que el rey manda,
pues me llamó.

Gallardo   ¿Agora? ¡Bueno!
¡Al cabo de cuatro días!

Íñigo   No ha pasado mucho tiempo.
Cumpliré con mi lealtad,
y quitaré los recelos
de que acompañé a Matilde,
que no deben ser pequeños.
En anocheciendo, iré

a verle, que no me atrevo
a entrar en la corte así
de día... Pero ¿qué es esto?

(Salen Liseno hablando a un Criado.)

Liseno

Mandó el rey que le avisasen
en llegando, porque él mesmo,
recibiéndola, quería
honrar así su destierro;
y pues la hemos encontrado
en el camino, primero
que llegue a Nápoles, manda
Próspero que le llevemos
las nuevas de su venida.

Criado

En esta quinta harán tiempo,
mientras sabe el rey que llega.

Íñigo

¿Podremos saber, Liseno,
dónde vais con tanta prisa?

Liseno

¡Oh noble español! No espero
malas albricias de vos
por la nueva que al rey llevo.
Sabed que por la princesa,
de vuestras penas objeto,
a pesar de desleales,
su misma inocencia ha vuelto.
Supo por un caso extraño
las traiciones de Rugero
el rey don Fernando invicto,
y después de haberle preso,
al de Taranto ha enviado

y a otros muchos caballeros
por ella, para que goce
segunda vez a Salerno.
Encontróla en el camino;
porque el de Rojano, ejemplo
de la lealtad en Italia,
luego que supo el suceso
de su desterrada prima,
le dijo: «El valor que heredo
de mi generosa sangre,
no sufre que el vulgo necio
vuestro honor en duda ponga.
El rey es el juez, supremo
de sus vasallos, y ante él
que vamos los dos intento
a averiguar la verdad».
Y así a Nápoles partieron.
Sale el rey a recibirlos;
y mientras a darle llego
las nuevas de su venida,
harán alto en este puesto.
El ruido de los coches,
si es que reparáis en ellos
os dirá cuán cerca están.
Si las albricias merezco
de nuevas tan deseadas,
de que lo mostréis es tiempo.

Íñigo   Perdonad, Liseno amigo,
si no os pago como debo.
En esta escopeta sola
se ha cifrado cuanto tengo.
¡Albricias de pobre, en fin!
La dádiva es como el dueño.

Tomadla, y de mi creed,
que a ser rey, fuera lo mesmo
que de aquesta niñería,
Liseno, de todo el reino.

(Dale la escopeta.)

Liseno   Ésta estimo yo en el alma,
como de tal caballero;
y adiós, que llega Matilde.

(Vase con el Criado.)

Íñigo   Gallardo, ¿qué dices de esto?

Gallardo   Que estamos sin arcabuz,
y seguros los conejos.

Íñigo   ¡Bueno es que en eso repares,
cuando loco de contento,
por la nueva de tal dicha,
habías de hacer extremos!
¡Cielos, Matilde está libre!
En fe del gozo que muestro,
sacad el aparador
que honra vuestro firmamento.
Sol hermoso, ya Matilde
es princesa de Salerno;
entapizad de brocados
aquestos montes soberbios.
Luna, Matilde venció.
Estrellas, signos soberbios,
hoy Matilde entra triunfando;
coronadle los cabellos.

Elementos, haced todos,
pues que sois invencioneros,
fiestas a Matilde hermosa.
Luminarias ponga el fuego,
Vierta agua rosada el agua,
tienda tapetes el suelo,
aves, dadle el parabién,
peces, romped el silencio.
Sol, estrellas, Luna, signos,
montes, valles, elementos,
peces, aves, brutos, plantas,
ríos, lagos, mares, puertos,
todos interesáis lo que intereso,
y todos no igualáis a mi contento.

(Vase don Íñigo.)

Gallardo   ¡Cielos! Don Íñigo ha dado
la escopeta, y no tenemos
qué comer sino tiráis
estrellas a los conejos.
Sol, don Íñigo está loco;
pues sois luz, buscadle el seso,
no le deje a buenas noches,
que —¡vive Dios!— que lo temo.
Luna, en sus cascos vivís.
Cuatro cuartos por lo menos
tenéis, dadnos otros tantos
de ración, o ayunaremos.
Estrellas, planetas, signos,
¿qué diablos os hemos hecho
para influir en nosotros
amores y no dineros?
Aves, decidle a mi amo

que sustentarle no puedo
con botones y palillos,
si en albricias los da luego.
Peces, entraos por mi casa
y aunque en carnal, comeremos
pescado, como Vitorios,
aunque os volváis abadejo.
Brutos, aunque brutos sois,
más lo es quien dio sin seso
un arcabuz, que servía
al hambre de despensero.
Sol, estrellas, Luna, signos,
montes, valles, elementos,
peces, aves, brutos, plantas,
hambres, juros y reniegos,
todos diréis conmigo que a tal tiempo
quien la escopeta dio, o es loco o necio.

(Vase Gallardo. Salen Próspero, el Duque de Rojano, y Matilde, bizarra-
mente vestida con la pluma de Próspero en la cabeza, y acompañamiento.)

Duque   Aquí habemos de esperar
                 mientras al rey dan aviso.

Próspero   Gracias al cielo, que quiso
                 a luz, princesa, sacar
                     vuestra justicia; y la suerte
                 que en veros restituida,
                 mi esperanza agradecida
                 en fe de mi amor advierte...

Matilde   Creed que en el alma tengo
                 vuestras palabras impresas,
                 y que de vuestras promesas

agradecida, prevengo
   paga igual a vuestro amor,
sin que os quede a deber nada.

Próspero   En la desgracia pasada
no fue bastante el rigor
   del rey, ni el veros ausente
con deshonra tan notoria,
a que amor en mi memoria
no os adorase presente.
   Esta banda que me distes
animando mi esperanza,
dirá si hubo en mi mudanza.

Matilde   Andante firme anduvistes;
   pero en esto no presuma
vuestro amor ser preferido;
que yo, como no he adquirido
de vos más que aquesta pluma,
   aunque mis joyas perdí
mi hacienda, gusto y estado,
en su valor he cifrado
la fe que en vos conocí.

Próspero   ¿Según eso, el rey tendrá
el sí que espera de vos,
desposándonos los dos?

Matilde   El rey es cuerdo, y verá
   que siéndole yo obediente,
y haciéndoos tanto favor,
es justo que a vuestro amor
pague mi amor igualmente.

Duque	Admirable recreación en otro tiempo sería esta quinta, prima mía, y cáusame compasión el verla asolada así.
Matilde	Mayor, duque, la tendréis, si a su dueño conocéis, pobre y retirado aquí por mi causa.
Duque	¿Cómo es eso?
Matilde	Lo que le debo os dijera si en persona no viniera, loco te mi buen suceso.

(Salen don Íñigo y Gallardo.)

Íñigo	Bien creeréis, señora mía, que en celebrar esta nueva nadie ventaja me lleva y aunque, en fe de esto, podía hacer exageraciones. Hable mi silencio aquí; que ya vos sabéis de mí que soy corto de razones.
Matilde	Ya yo sé que en vos se cifra más valor que encarecéis, y que en las manos tenéis la lengua, que habla por cifra. Fernando, el rey mi señor, don Íñigo, envía por mí;

que quiere, honrándome así,
trocar iras en amor.
    Y en prueba de esto, pretende
darme esposo de su mano.
Lo mucho que en éste gano,
colíjalo quien me entiende.
    Pero sin vos, no me atrevo,
don Íñigo, a desposarme;
ni yo, si no vais a honrarme,
podré pagar lo que os debo.
    Si vuestro amor me, respeta,
en Nápoles os aguardo.

Íñigo   ¿Cómo?

(Dice aparte a Gallardo.)

                    ¿Qué es esto, Gallardo?

Gallardo (Aparte.)   (Las balas de la escopeta.)

Íñigo   ¡Que a casaros vais, señora!
(Aparte.)   (¡Ay, ingratos desengaños!)
                  ¿Con quién?

Matilde   Con quien muchos años
ha que me sirve y adora.
        Su firmeza a premiar vengo.

Íñigo   ¿Podré yo quién es saber?

Matilde   Mirad vos quién puede ser
de los que presentes tengo.

Próspero	Don Íñigo, el rey conoce lo que a la princesa quiero, y el mismo ha sido el tercero para que su mano goce. Si me honra vuestro valor, fuerza es que cumplido sea... fuera de que el rey desea veros y haceros favor.
Íñigo (Aparte.)	(¡Harto bien mi amor despacha! ¡Que esto escucho! ¡Que esto he visto! ¡Cielos!)

(Gallardo habla aparte a don Íñigo.)

Gallardo	¡Oh! ¡Cuerpo de Cristo! ¡Con la princesa borracha! ¡Voto a Dios que es una puerca!
Íñigo	Calla, y déjame.
Gallardo	Ya callo.

(Sale Laurino.)

Laurino	Señores, alto a caballo, que tenemos al rey cerca.
Matilde	Vamos pues.
Íñigo (Aparte.)	(¡Amor injusto! ¡Al fin tirano, al fin ciego, al fin...!)

Matilde   Haced lo que os ruego,
                si os preciáis de darme gusto,
                y quedaos, Íñigo, a Dios...

Íñigo (Aparte.)   (¡Qué hasta esto quiera obligarme!)

Matilde   ...porque no pienso casarme
                —¿entendéis esto?— sin vos.

(Vase con su acompañamiento.)

Gallardo   ¡Mas que nunca Dios la dé
                salud, ni trapo en que la ate!

Íñigo   ¡Que así Matilde me trate!
                ¡Que así se premie mi fe!
                   ¡Cielos! ¡Tantos beneficios,
                tantos días de firmeza,
                gastada tanta riqueza,
                perdidos tantos servicios!
                   ¡Mi hacienda y casa encendida,
                mal pagados mis empleos,
                mal premiados mis deseos!

Gallardo   ¡Y la escopeta perdida!

Íñigo   ¡A tantas obligaciones
                ingrata! ¿Y con vida yo?

Gallardo   ¡Por Dios, que se le soltó
                gentil gato de doblones!
                   ¡Bien nos remedió a los dos!

Íñigo   ¡Que a su boda ha de llevarme!

132

(Remedando.)

Gallardo   «Sí, que no pienso casarme
                  —¿entendéis esto?— sin vos.»

Íñigo   ¡Con un hombre, todo viento,
                  todo plumas y palabras,
                  te casas, y estatuas labras
                  al desagradecimiento!
                    ¡Con quien en la adversidad
                  tan corto y avaro fue,
                  que te vio salir a pie,
                  y en prueba de su crueldad,
                      a darte no se comide
                  el socorro limitado
                  del pobre mas desdichado
                  que de puerta en puerta pide!
                    ¡Un hombre, un mozo siquiera,
                  que asegurara tu honor!

Gallardo   Un borrico de aguador,
                  en que fueses caballera.

Íñigo   ¿Y a quien con voluntad tanta
                  su pobre casa te dio...?

Gallardo   ¿Y en una tabla durmió,
                  con medio tapiz por manta...?

Íñigo   ¿A mi amor tan verdadero,
                  que a hacer por ti se dispuso...?

Gallardo   ¿Contra la costumbre y uso,

a un lacayo botonero...?

Íñigo ¡Cosas indignas, en fin,
de mi nobleza y valor...!

Gallardo ¡Yendo a pata mi señor,
delante de tu rocín...!

Íñigo ¿Pagas con dejar burlada
mi fe, y os casáis los dos?
¿Tú eres noble?

Gallardo ¡Vive Dios,
que es una desvergonzada,
y que no tiene conciencia;
y si es mujer, salga aquí!

Íñigo ¡Y que me mandes así,
porque muera en tu presencia,
hallarme en tu boda!

Gallardo ¡Vos
sois tan gentil Amadís,
que iredes allá! ¿Advertís?

Íñigo Pues, ingrata, vive Dios,
que ha de ver la corte toda,
a costa se mi quietud,
mi amor y tu ingratitud.
Hallarme tengo a tu boda,
y muriendo de esta suerte,
seremos con nombre igual,
yo hasta la muerte leal
y tú ingrata hasta la muerte.

(Vase don Íñigo.)

Gallardo   Pues no ha de quedar por mí.
                    Vaya, en este trance fiero,
                    la soga tras el caldero.
                    Soga soy. Ya voy tras ti.
                        Muramos juntos los dos
                    contigo quiero enterrarme,
                    porque «yo no he de casarme
                    —¿entendéis esto?— sin vos».

(Vase Gallardo. Salen el Rey, el Duque de Rojano, Matilde, Próspero y
acompañamiento.)

Rey   Princesa, toda mi corte
                    de veros venir se alegra,
                    a pesar de desleales,
                    triunfando vuestra inocencia.
                    Si engañado os castigué,
                    con haceros hoy condesa
                    de Valdeflor satisfago
                    mi rigor y vuestras penas.
                    Princesa y condesa sois.

Matilde   Esclava de vuestra alteza
                    es el blasón más ilustre
                    que mi dicha estima y precia.

Rey   Duque, de vuestra lealtad
                    habéis dado nobles muestras,
                    y es razón, pues me servís,
                    que salga yo de esta deuda
                    a mi hermana os prometía

135

quien, falseando mi letra,
en fe de que todo es falso.
Por mí os pidió la cabeza
de vuestra inocente prima;
pero yo que la nobleza
de vuestra sangre conozco,
he de cumplir su promesa.
Esposo sois de la infanta.

Duque   Si así vuestra alteza premia
propósitos de servirle,
ejecutados, ¿qué hiciera?
Con sus pies honro mis labios.

(Salen don Íñigo y Gallardo. Hablan los dos retirados.)

Gallardo   Dios ponga tiento en tu lengua.

Íñigo   A lo menos con mi vida,
que ya mi muerte se acerca,
quedaré libre de engaños
y Matilde satisfecha.

Matilde (Aparte.)   (¡Cielos! Don Íñigo es éste.
Amor, bastan tantas pruebas.
Prevenid a su lealtad
coronas que sean eternas.)

Rey   Princesa, el conde de Anjou
poderoso, dicen que entra
contra mí, es necesario
salir luego a la defensa.
El príncipe de Taranto
ha de ser en esta guerra

mi capitán general
y no dudo que la venza
si agora le dais la mano;
que amor que esperanzas premia,
cuando con Marte se junta,
la vitoria tiene cierta.
Hacedme a mí este servicio.

Matilde
Corriendo por vuestra cuenta,
Gran señor, mi ser y vida,
obedeceros es fuerza...

Íñigo (Aparte.)
(¡Ay cielos!)

Gallardo (Aparte.)
(¡Aquí fue Troya!)

Matilde
...pero, pues que vuestra alteza
servirle en esto me manda,
y compara la experiencia
a la muerte un casamiento,
pues en fe de esta evidencia,
los muertos y los casados
son solos los que se velan,
vuestra alteza aquí primero
ha de ajustar ciertas cuentas,
que están muy enmarañadas.

Rey
¿Qué enigma es ése, princesa?

Matilde
Es un pleito de acreedores;
mas dígame vuestra alteza
¿la satisfacción no manda
pagar en la especie mesma?

Rey	La que es rigurosa, sí.

| Matilde | Luego, ¿es fuerza que quien deba
palabras, pague en palabras,
y obras en obras? |
|---|---|

Rey	Es fuerza.

Matilde   Pues, príncipe de Taranto,
yo que soy deudora vuestra
de palabras y de plumas,
razón es que os pague en ellas.
En mi fortuna dichosa
me obligastes con promesas;
solo en palabras librastes
vuestra aficion en la adversa;
y así, en palabras os pago;
y porque no sé que tenga,
si no es sola aquesta pluma,
de vuestro amor leve prenda,
restituyéndoosla agora,
quiero que Nápoles vea...

(Quítase la pluma del tocado y dásela.)

...que os pago con igualdad,
y salgo de aquesta deuda.
Agora falta que pague
obras que mi amor empeñan
y dé por deuda pedida
quien de mi olvido se queja.

(Dirígese a don Íñigo, y le presente al Rey.)

Don Iñigo es, señor, éste,
que viene ante vuestra alteza
a hacer en mi ejecución,
y pretende sacar prendas.
Tres años ha que es ejemplo
de valor y de firmeza,
siendo su amor todo manos,
si el príncipe todo lenguas.
Tres veces me dio la vida;
y es bien, pues es dueño de ella,
que tome su posesión;
y premiando su nobleza,
en su favor sentenciéis
a que yo su esposa sea.

Rey   Quien tan bien, Matilde, paga,
bien es que crédito tenga
sobre mi reino y corona,
y que don Íñigo adquiera
lo que es suyo de derecho.

Íñigo   Déme los pies vuestra alteza,
y eche la culpa a mi amor
de que de este modo venga.

(Aquí debe aparecer Sirena en el fondo del teatro.)

Rey   Dadle a Matilde la mano;
y pues hoy se pagan deudas,
y en los reyes las palabras
de obras firmes tienen fuerza,
la que le ha dado mi amor
a vuestra hermana Sirena
quiero yo también pagar.
Mi esposa es, y vuestra reina.

Íñigo	Todo el bien me viene junto,
Gallardo	¡Oh bien perdida escopeta! ¡Oh bien perdidos botones! ¡Oh bien abrasada hacienda!
(Sale Sirena.)	
Sirena	Gran señor, pues mi ventura a vuestra real mano llega, cuando no es merecedora de los pies que humilde besa, y hoy pagan sus deudas todos, Laura está sin culpa presa, a cuya causa atribuyo lo que mi suerte interesa. No he de ser yo sola ingrata.
Rey	A mi gracia Laura vuelva, y si Próspero es su esposo, la haré del Ferro marquesa.
Próspero	Por su intercesor os puse, gran señor, y si desprecia mi dicha tanta merced, han de decir en mi afrenta que no soy más que palabras.
Sirena	Humilde a vuestra presencia a besaros los pies sale.
(Sale Laura.)	
Matilde	Pues yo, gran señor, merezca

	el perdón para su hermano.
Rey	Como salga de mi tierra,
	se le concedo por vos.

(A don Íñigo.)

Gallardo	Y mis botones, ¿se quedan
	sin pagar, cobrando todos?

Íñigo	Gallardo, la quinta mesma
	de mis grandezas teatro,
	con fábrica insigne y nueva,
	en labrándola, será
	tuya.

Gallardo	¿Y qué he de hacer en ella
	sin dineros?

Íñigo	Gozarásla
	con mil ducados de renta.

Gallardo	¡Harto habrá para palillos!

Rey	Vamos, y ordénense fiestas
	que nuestras bodas serán
	en dando fin a esta guerra.

Íñigo	Deje palabras quien ama,
	que sin obras todas vuelan;
	porque palabras y plumas,
	dicen que el viento las lleva.

Fin de la comedia

Libros a la carta

A la carta es un servicio especializado para
empresas,
librerías,
bibliotecas,
editoriales
y centros de enseñanza;
y permite confeccionar libros que, por su formato y concepción, sirven a los propósitos más específicos de estas instituciones.

Las empresas nos encargan ediciones personalizadas para marketing editorial o para regalos institucionales. Y los interesados solicitan, a título personal, ediciones antiguas, o no disponibles en el mercado; y las acompañan con notas y comentarios críticos.

Las ediciones tienen como apoyo un libro de estilo con todo tipo de referencias sobre los criterios de tratamiento tipográfico aplicados a nuestros libros que puede ser consultado en Linkgua-ediciones.com.

Linkgua edita por encargo diferentes versiones de una misma obra con distintos tratamientos ortotipográficos (actualizaciones de carácter divulgativo de un clásico, o versiones estrictamente fieles a la edición original de referencia).

Este servicio de ediciones a la carta le permitirá, si usted se dedica a la enseñanza, tener una forma de hacer pública su interpretación de un texto y, sobre una versión digitalizada «base», usted podrá introducir interpretaciones del texto fuente. Es un tópico que los profesores denuncien en clase los desmanes de una edición, o vayan comentando errores de interpretación de un texto y esta es una solución útil a esa necesidad del mundo académico.

Asimismo publicamos de manera sistemática, en un mismo catálogo, tesis doctorales y actas de congresos académicos, que son distribuidas a través de nuestra Web.

El servicio de «libros a la carta» funciona de dos formas.

1. Tenemos un fondo de libros digitalizados que usted puede personalizar en tiradas de al menos cinco ejemplares. Estas personalizaciones pueden ser de todo tipo: añadir notas de clase para uso de un grupo de estudiantes,

introducir logos corporativos para uso con fines de marketing empresarial, etc. etc.

2. Buscamos libros descatalogados de otras editoriales y los reeditamos en tiradas cortas a petición de un cliente.